天下文化
BELIEVE IN READING

BEP062

家有青少年之爸媽的33個修練

彭菊仙

推薦序　在親子交鋒時，陪伴在父母身邊的那位人類學家　丘美珍　005
推薦序　我們一廂情願想給孩子愛的方式，不是孩子需要的　沈雅琪　009
推薦序　讓青少年家長安放身心的佳作　張美蘭　013
齊聲讚譽　016
自序　放手，發現生命的彩蛋　019

第一部　你那愈來愈陌生的孩子，該怎麼溝通？

Q1　你也在羨慕別人家的孩子嗎？　032
Q2　兒子們都是已讀不回？　036
Q3　青少年都有大頭症？　043
Q4　青春期孩子都是自私鬼？　048
Q5　青春期孩子都不能罵嗎？　051
Q6　說教沒有用，那要說什麼？　060
Q7　「我都是為你好」是爸媽在自嗨？　068
Q8　教養「驚」句第一名：你那是什麼態度？　078
Q9　一個大人教不好，爸媽就來二打一？　082
Q10　以其人之道還治其人有效嗎？　088
Q11　被氣到，真的餓孩子個三天嗎？　093
Q12　為什麼青少年是永遠的反對黨？　101

第二部 親子暴衝No. 1：手機電玩與網路

Q13 我用手機查資料又不是玩，為什麼禁止？ 110
Q14 防不勝防，乾脆給孩子智障型手機？ 114
Q15 3C使用規則都訂好了，卻永遠討價還價？ 121
Q16 給孩子網路吃到飽，爸媽氣到飽？ 125
Q17 為什麼別人家小孩打電動不會成癮？ 131
Q18 打電玩打到出國比賽，你還說孩子不務正業？ 141
Q19 凡刪掉就不留痕跡，凡匿名就不被肉搜？ 149
Q20 未滿十八歲，網路上就可以亂嗆人？ 157
Q21 你會偷看孩子的手機嗎？ 162
Q22 用科技管科技，壞人不用爸媽做？ 171
Q23 爸媽你自己是不是機在人在、機亡人亡？ 177
Q24 真正的問題是：家有豬隊友？ 181

第三部 陪伴青少年探索成長祕密：戀愛、人際關係

Q25 害怕社交失敗的敏感青少年，根本庸人自擾？ 188
Q26 黑特青少女用嘴巴就能殺死一個人？ 199
Q27 玩交友App玩到開私密小房間怎麼辦？ 208
Q28 國中生自己都搞不定，戀情短命只是剛剛好？ 220

Q29 我這麼愛你，你怎麼可以不愛我？ 230
Q30 超出青春戀曲的尺度怎麼辦？ 237
Q31 新一代青少年會做愛，但不會談戀愛？ 243
Q32 愛我就要跟我做？愛你就不該拒絕你？ 250
Q33 不是可不可以談戀愛，是跟誰談戀愛？ 258

後記 父母永遠無法停止擔憂，但能為孩子送上祝福 266

推薦序

在親子交鋒時，陪伴在父母身邊的那位人類學家

丘美珍　媽媽悅讀基地創辦人

一直以來，我覺得菊仙是一位「教養的人類學家」。她寫的每一本書都帶入鮮活的親子互動現場，穿插著笑聲、讀書聲與音樂聲，當然，偶爾也有吵架聲。但是，正是這樣原汁原味的文字，引導為人父母的我們，重回記憶中的那個場景，重新品味其中的甜蜜或心酸。

這次的新書，讓我感受到如同「教養診療室」的氛圍，只因為，書中的主題，是教養歷程中最難的那一關：進階版的青少年教養難題。

如果觀察臉書上「家有青少年」的父母群組，就會知道什麼叫做「哀鴻遍野」。每天都有傷心的父母訴說，孩子如何不受教、不用功、作息混亂、沉迷手機、頂撞無理、交友不慎，令人傷心。

在這些控訴的背後，我可以想像許多家庭每天發生的親子衝突、言語交鋒，對雙方來說，那絕不會是愉快的回憶。

所以，面對捉摸不定的青少年，父母親的心情其實是無助的。

菊仙是三個男孩的母親，在陪伴孩子成長的過程中，我覺得她慢慢練就了內功和外功。

所謂的「內功」，是研習教養的理論與方法，搭配對孩子各階段的觀察，從這裡發展出統整的教養心法。而「外功」，則是實際在與孩子互動時，所運用的語彙和實際展現的行動。

憑藉著這些內外兼修的素養，菊仙在孩子國中以前，安然過關。但是到了孩子青少年時，所有的父母都備受考驗，菊仙也不例外。所以，她從自身參與親子現場的挫敗與衝突當中，重新得到啟發，寫成了這本青少年父母的「進階版」生存之書。

這本書裡，討論了一些最棘手的教養問題，並且穿插了對青少年的深刻洞察。我在閱讀本書的過程中，印象最深刻的幾句話是：

- **教養好孩子，是不斷「加分」：**在書裡，菊仙引用日本哲學家岸見一郎的體悟說：教養好孩子，是不斷「加分」，而不是不斷「扣分」。

身為父母親的我們，心中有時會出現一個孩子「應該」有的樣子，如果孩子的現況不如我們的預期，第一個在我們心中出現的想法是：修掉孩子的稜角，讓他們長得跟我們想的一樣。

但有沒有可能，我們心中孩子的面貌，是米開朗基羅的「大衛」，五官分明且線條寫實，但孩子真正的樣子，是亨利．摩爾的「蝴蝶」，自由溫暖且蟄伏待發？

正因身為父母的我們，也不一定清楚孩子真正的樣貌，所以，心懷謙卑地與孩子一起探索及對話，變成一種必要的修練。

在親子對話的時刻，把孩子想成一塊等待他們自己蛻變成型的陶土，為他們加分，陪伴孩子找出自己本命的模樣，這是身為父母的榮幸。

- **欣賞孩子的「反骨」，因為其中藏著快速茁壯的思辨力：**書中提到，孩子人生中第一次參加告別式，送走祖母時，對於喪禮主持人帶著哭腔，制式且商業化的主持風格提出質疑，覺得那樣十分虛假。在開口斥責不孝之前，如果回到原點去想想，孩子講的難道沒有道理嗎？哀悼家人的場合，為什麼需要「表演」？安靜且誠心、肅穆地送別，難道不好嗎？會不會，因為有愈來愈多人，覺得想要有不一樣的告別式，最後，成了創新的契機？透過青少年孩子的眼睛來看世界時，有時候，會刺激大人重新審視所有約定俗成的規矩。

這本書裡，透過提問／回答的形式，為青少年父母解答每天都可能面對的教養難題：孩子沉迷手機怎麼辦？孩子談戀愛怎麼辦？孩子已讀不回怎麼辦……在教養的旅程中，有菊仙這樣一位「神教練」陪伴，可說是青少年父母的福氣。

就讓我們一起享受這樣的福氣吧！

推薦序

我們一廂情願想給孩子愛的方式，不是孩子需要的

沈雅琪 神老師&神媽咪

有一次去參加節目，跟一位親子作家聊天，聽到我說跟高中的兒子們一天只有十分鐘相處時間，他訝異地驚呼：「這樣好嗎？」「我跟國小的兒子女兒每天相處至少兩個小時，你怎麼能放任自己跟孩子這麼疏離？」

其實在孩子小時候，看見朋友高中的孩子叛逆、拒學，甚至對著朋友大吼大叫，我也有這樣的質疑，「為什麼會跟孩子的關係弄得這麼糟？為什麼小時候天真可愛的孩子，會變成這樣？」

當時的疑問，等到兒子們上高中時，我才驚覺，我們一廂情願想給孩子愛的方式，已經不是他們需要的。

沒有遇過，真的無法理解當高中孩子父母的為難。

以前總覺得做什麼事都應該全家人一起，總是想把最好的留給孩子。在孩子們小時候我們常常安排出遊，帶著他們到各景點、遊樂場去玩耍，除了工作的時間以外，用盡各種方法跟孩子們互動，總想著要帶他們體驗所有的美好。只要有放假，我們就會安排好行程，全家一起出遊。

國中以後出去過幾次，哥哥竟然問我，他想留在家裡休息，「可以不要去嗎？」我很難理解，「怎麼可以不去？是全家人的活動，好不容易放假可以出去走走。」「花蓮這麼美，為什麼不想去？」

硬是要想留在家裡的哥哥們同遊的結果，他們就是上車睡覺，我在驚呼碧海藍天的美時，他告訴我，「好山，好水，好無聊……」有時我興奮地下車拍照，他們卻寧可留在車上睡覺，吃什麼都沒興趣，去哪裡都沒意見，整個旅程弄得他們不開心，我也很痛苦。

有一次開車六小時帶他們到台東看熱氣球，回來跟大家談起時，我說得興奮激動，弟弟卻說：「累死了，開那麼久的車，就看幾個氣球，有什麼好玩？」花很多錢去賞鯨，哥哥卻說：「幾條魚跳來跳去，要看什麼？」堅持不走出甲板，真是讓我非常訝異。原來大孩子看我們替他們規劃的行程，已經是這樣的角度。

他們冷漠的態度，一度讓我非常傷心，但是幾次以後，我調整了心態。如果勉強他們一起去，他們不開心，我也氣個半死。等到兩個哥哥年紀大到可以相伴在家之後，我們決定尊重他們的意願，規劃行程前先問他們要不要去？不去，我們就只訂我們和妹妹的房間，行程完全不需要考慮他們，更隨興自在，可以緩步慢行，不需要看他們無聊不耐煩的表情；我們愛吃辣，也不再需要顧忌吃不了辣的哥哥。

上次去日本也先問他們要不要去？替他們訂同一個飯店、機票，訂了一天共同行程，然後給他們一些錢，前三天讓他們自己規劃行程、研究如何坐電車、先想好要買的東西。現在想想當時真是做對了，如果那五天都要一起走，弟弟去秋葉原三次，我大概會瘋掉；我們每天走十幾公里去看樹、看風景，他們應該會爆炸；我們興奮地要去吃名店燒肉，他們卻寧可吃十分鐘可以解決的吉野家。

慢慢的，生活中我們也學習凡事不勉強他們，給了機會和資源，他們要怎麼運用，要用什麼方法去面對，就是他們自己的選擇，多問只是讓想法不同的自己生氣和惋惜，放手，對雙方都好。

菊仙老師說：「爸媽最艱難的功課不是陪伴，是放手。」

想想我自己在高中前，每天坐車上學就會看到海，沒有太多的感覺，甚至不會多看一眼。可是自從跟老公談戀愛後，騎車到任何一個海邊，隨便一個夕陽、一個浪潮，都能讓我感動不已，潮起後落下來的不是海水而是滿天的愛心。我想，兒子們不是不願意欣賞美景，而是啟動他們去欣賞的人還沒出現，而那個人，不會是我。用這樣的方式跟哥哥們相處後，我們幾乎很少劍拔弩張，能夠好好針對每件事情溝通和調整。

在陪伴高中孩子們成長的過程中，我很感謝有菊仙前輩走在我們前面，時常的經驗分享。這本書就像武功祕笈，面對青少年孩子給出的難題，見招拆招。讓我知道即將要面臨的問題，我必須調整自己的心態，放手讓他們去嘗試、學習用不同的方式去陪伴他們長大。

推薦序

讓青少年家長安放身心的佳作

張美蘭（小熊媽） 親職／繪本作家

本書是菊仙在無數多場的演講之後，與現場家長互動並反思，所得到的精華與心得。在前一本書《家有青少年之父母生存手冊》之後出版，有承先啟後的特別意義。

就我個人而言，讀這本書獲益良多，尤其是菊仙的文筆非常流暢，又帶著跳躍的活力與充沛的幽默感，讀起來十分開心，對於家中也有兩個青春期、一個進入前青春期的三子媽而言，有時看到類似的狀況，更忍不住點頭如搗蒜！

菊仙在《家有青少年之父母生存手冊》提出不少青春期的問題，本書有部分則是關於孩子上大學後的狀況，由於我家老大小熊哥也是大一新鮮人，所以讀起來特別有感。

養男孩子，真的要有夠強的心臟、更要提早有與孩子分離的準備，尤其是已上大學的孩子。小熊哥上大學以後，很希望能夠搬到學校、體驗真正獨立的生活。就這樣，他忙著課業、社團與系學會，還有幾個家教工作，基本上連週六、週日，我都很少看到他。跟菊仙描述讀電影系的大兒子狀況很類似：回家，就是撿到！母親心中，藏著滿滿想念。

關於此點，菊仙的幽默建議，給了父母不少心理建設，我個人覺得十分受用。也來補充一招，就是：「媽媽需要你幫忙。」

因為家住四樓，但沒電梯，所以我每週買菜提菜很辛苦。我告訴小熊哥：「媽媽需要你回家幫忙。」母子每週就有了「買菜約會」。當然，我也順便給他買些好吃、好用的，讓他在外住宿也能好好照顧自己，母子都得到了溫情安慰。

我覺得本書最實用的，是關於手機的使用與建議。菊仙提出來的建議，都非常的精闢有用。這幾年我在高中擔任志工，看到超級多高中生沉迷於手機，其中不乏前幾志願的學生也是如此。手機的魅力與邪惡的誘惑實在太大了，好像沒有青少年（尤其男生）能脫離它的吸引，這是愈來愈複雜與難解決的狀況。

基本上我家的做法和菊仙相同，在高中之前，我們家只有陽春型的手機；但上了高中後，我發覺給了手機，孩子們也是快速沉淪。當然，我家孩子都說他們是在查資料，只是手機就像磁鐵一樣，孩子機不離手，隨時隨地都要拿起來看一看。這種現象，我稱作「手機痴呆症」，有時候你發覺孩子好像不是活在現實中，因為跟他們講話，他們會恍神、反應遲鈍，完全都在想手機的事。

我家已算是滿嚴格控管孩子的手機，近年來不少青少年家長更以此為苦，甚至不得不帶孩子求助於精神科、心智科。所以，希望所有青少年的父母都能好好研讀第二部的內容，對於手機的使用，一定要有所警惕。

菊仙書中提出的問題，偏巧也是無數青少年家長會遇到的問題，真的很高興又見到她最新一部讓家長、老師的身與心靈都能安寧的作品。且讓我深深一鞠躬，感謝菊仙為許多家長所做的貢獻與努力。

齊聲讚譽

兒子上高一沒多久，我發現他隔壁同學的媽媽居然是彭菊仙，天哪，她不就是那個親子作家嗎？立刻偷偷打聽她兒子是怎樣的孩子。兒子說：「我覺得他很不錯，知道自己喜歡什麼，人有禮貌，講話又好笑。」果然！讀完這三十三個修練，完全懂得為何她的小孩能在同學中得到如此好評呀。

——王蘭芬　作家

青春期的孩子看似長大的身體，內心其實還離長大有點距離。畢竟，長大意味要扛起責任，要做決定，要活成自己喜歡的模樣。菊仙從孩子的問題導入，給出解方，要大人學著默默陪伴，智慧放手。如果，你想拉近與孩子的距離，如果你想讓孩子不再難溝通，如果你想讓孩子戀愛人際全升級，這本書會是你的教養首選。

——宋怡慧　作家／新北市立丹鳳高中圖書館主任

很開心終於等到好友菊仙的新作。我是菊仙的忠實粉絲，她每一本書都在我養兒育女的歷程中滋養我、給我方向與力量。這本新作對育有兩名青少年的我更猶如及時雨，讓我更明白青少年的心理、行為表現與常見問題，也更加知曉該如何與青少年互動和溝通。菊仙的文字順暢易讀，善用實例闡述論點，讀來收穫滿滿，真心推薦給教師與家長閱讀。

——李貞慧　親子作家暨閱讀推廣者

本書節奏輕快、故事有趣，看菊仙前輩如何面對青春期半獸人的過程，頗有療癒效果。書裡字字句句都刺中青少年父母的心窩，因為那是青少年父母才會有的血淚史、才懂得的甘苦。青春期的故事，菊仙寫來幽默橫生，彷彿三個兒子的暴走都在她如來佛的手掌之中。不是不管孩子，也不是管不動孩子，而是握拳與鬆手之間，都是養育孩子的藝術。有時看開一些，看透一些，讓孩子更自由一些，也許能換取更多親子關係的良好互動。何必斤斤計較非緊緊掌握在手裡不可？孩子不管長到幾歲，只要親子關係沒有斷裂，孩子始終會回家的。面對半成熟的青春期孩子，菊仙的字裡行間，透露出「父母要更懂得看開」的教養藝術。

——李儀婷　薩提爾・親子溝通專家

幾次聽菊仙老師談青少年，言語中妙趣橫生，很能撫慰青少年父母受創的心靈。菊仙老師很用功，在書中有相當嚇人的知識量，當父母能當到接近學者程度，我是佩服再佩服。書裡「手機電玩與網路」的篇章，是少見的全面觀點。我非常期待能跟讀者分享這本書，足以勸世救人。

——洪仲清　臨床心理師

許多父母大嘆愈來愈難與青少年鬥法了！身處數位時代，青少年的手段升級，問題複雜度遽增，父母能不跟著練功嗎？彭菊仙老師在本書中，直球對決那些現今家長最關心也最頭痛的議題，做深度剖析，特別是3C網路問題，包括如何規範、如何避免成癮；讓青少年的家長有所依歸，從容以對。這本書肯定是家長的救星，必讀不可！

——陳志恆　諮商心理師

你知道青少年的已讀不回，其實是已「獨」不回嗎？你知道「我都是為你好」一出口，效果如何嗎？如果不知道，你一定要閱讀青少年教養專家彭菊仙的新書《家有青少年之爸媽的33個修練》，修練成青少年溝通達人！

——蔡淇華　作家、台中市惠文高中圖書館主任

自序
放手，發現生命的彩蛋

老實說，我不想再寫教養書了，這或許是我寫的最後一本關於教養的書。

寫第一、第二本親子書《教養好好玩》、《幸福教養》時，我應該是處在一種無法分清楚「孩子是我，還是我是孩子」的母愛大氾濫階段。

一塊寶貝血肉才從我母體分離出來，那樣母子兩位一體之狀態乃非常自然、非常符合人性、更是自我生命史上之最幸福。

催產素每分每秒都在噴湧，親子時不時抱緊處理是一種渾然不覺的常態，我完全沒有感到太多獨立的自我。

這個階段，媽媽很多時候光是看著孩子就會痴痴傻笑，幸福到忘了自己的存在，或者，在奶粉屎尿間忙到沒時間想起自己還存在。

其實是爸媽繞著孩子團團轉

那時候，我在書裡總說：孩子們都把我當成宇宙的中心啊！時至今日，我體會到無情的真實是：孩子，才是那時候媽媽的世界中心、宇宙之王。媽媽成天繞著這塊分離出來未久的血肉團團轉，無怨無悔。

路上認識的不認識的，只要孩子一般大，立即秒化為閨密，四目立馬接上了、心靈瞬間契合了、話開始沒完沒了了。但是，開口閉口，除了我的孩子你的孩子，還真沒別的可聊，也不想聊別的，話題繞著我的孩子你的孩子，就能聊到天荒地老、店家打烊。那些不能和我們聊孩子的朋友，抱歉，都會被化為「冰」友。

媽媽甘願世界就這點大。媽媽是孩子還是她自己，傻傻分不清。

直至我寫《家有青少年之父母生存手冊》之前，我才驚覺，分出去的血肉老早切斷了臍帶，他們一個個稜角分明地高唱我是我，你是你；且世界上所有專家都跳出來要父母即刻覺悟，必須把孩子當成獨立的生命個體。

唯獨父母，特別是媽媽，卻還沒意識到自己也是獨立的個體，仍舊一直繞著我的孩子你的孩子，沒完沒了。

爸媽比起青少年更晚覺知自己是獨立的存在，但事實是，爸媽可沒比青少年不需覺知自己是獨立的存在。

因此，上一本首次談青少年的書，乃是我重新發現自我存在的起始。我在那本書序裡寫著，上天送給了青少年父母一道密語：「請讓眼球重新運動吧，即刻起，不要老是只有孩子、孩子、孩子，請把眼球逐漸轉回自己！」

聽到這道密語後，我感受到：「逐漸放手的同時，我實實在在感覺到又有機會多回望自己、關心起自己。這是青少年給爸媽的超級好禮——我們又慢慢贏回自己生命的空間。」

我雖然有了這一層新的體悟，但不代表執行面就成功。我曾定義青少年父母是「火山居民」，要小心別給火山岩漿給炸得遍體鱗傷。但是，要能成功滑順地切割出爸媽與孩子的適當界線，可真是一道超級難題，特別是家有三座火山，每一座火山屬性不同、爆發力不同、爆發時間更不同（有時還三座一起爆），要分別拿捏其距離與界線，真的不是「心中有愛」即可達陣。

蹺家五天新領悟：不獨立的人是我

因此，在這本書出爐之前，我承認，我還是有幾次被炸到吃手手、大出走的經驗。兩件事以茲證明。

第一件事是，上一本書我曾公開因為被炸到怕失去自我控制而出走了數小時以靜心。但之後某年暑假，我出走的更久更遠了。因為只想一個人靜一靜，所以無人同行，也沒參團，就獨自到花蓮五天。

這件事讓我有幾個新發現。最值得一提的是，我驚覺，我居然不敢一個人睡覺，四個晚上都失眠。

「分不清我是孩子還是孩子是我」的日子實在太久了，久到我以為孩子黏在身邊是不變的永恆。我突然發現，真正最不獨立的人，可能是我。

我這才醒悟，是媽媽我依賴這個家太深，依賴先生孩子的陪伴無法自拔。出走愈遠愈久，愈明心見性，能回歸原原本本的「我」這個獨立生命個體。

第二個發現是，我不在家，孩子才乖。因為沒有老媽洗衣煮飯照料三餐兼當鬧鐘，三座火山外加一座神山才有機會被逼出人類與生俱來的獨立本性，而非把

「我是獨立生命個體」，當成華麗詞藻或逃避責任的藉口，也才可能體悟到，長期以來把媽媽我當成理所當然之免費工具人的殘忍。

我因此明白了我的壓抑，看見了我的需求；他們因此感受到了母親的付出，體會到自己的責任範圍，並且，了解做為媽媽之大不易。

五天的時空距離，終於讓我有機會「分清楚我是我，孩子是孩子」；讓孩子有機會集中意識去體會「自己的責任不是媽媽的責任」。

連老公都乖起來。回到家他第一句話是：「下次可不可以把我一起帶走？」

我是我、孩子是孩子

第二件大事是，我生了一場大病。我的身體突然發生各式各樣找不出原因的怪毛病，胸悶、心絞痛、心悸、每天頭暈、虛脫乏力、無法走路、精神無法集中、突然飢餓、夜半因呼吸不順而惡夢驚醒，幾乎什麼事都無法做。這也是為什麼這本書延宕了七八個月才出版的原因。事實上，我早就完稿，而就在完稿沒幾天後倒下。

於是，這本書的出版戛然而止，卻開始了我一連串逛醫院的痛苦日常。靜態心電圖、二十四小時心電圖、運動心電圖、心肌血流灌注掃描、自費數萬的心臟六四〇切斷層掃描、頸動脈超音波、內耳平衡檢查、腦血管核磁共振、新陳代謝、糖尿病、甲狀腺檢查、婦產科雌激素檢查、針灸、中醫、自然療法……，天天睜開眼睛就去醫院報到，日子了無生趣。能做的檢查都做了，就是找不出病因。我還去收了驚，更瘋狂的是，我深覺離死亡不遠，便認真寫下遺囑，免得一切猝不及防。

最後，好幾位家有青少年的更年期媽媽告訴我：你是自律神經失調，去精神科報到吧！

每天和三位火山青少年直球對決、馬不停蹄地寫作演講、上有失智老母要操心、又完美主義想內外兼修、堅持做個賢妻良母、天天煮上四菜一湯，我這樣過了那麼多年都沒事兒，怎麼就突然倒下？

我這才意識到，我真的不年輕了。體力大幅衰退、新陳代謝變慢，連壓力承受度都陡然下降。

主治醫生說：「你是典型的更年期引發自律神經失調，壓力大，太操煩。」

我才進一步驚覺，我還是沒有完全釐清這道「我是我、孩子是孩子」的課題。

深情而不滯於情

三小子的情緒不穩定、嗆聲頂撞或愛理不理、失戀痛哭、人際衝突、升學壓力，以及作息運動飲食之不當安排，種種大小煩心事接踵不止。

我雖懂得和孩子保持適當距離，並劃清責任界線，但事實上，我仍舊事事操煩，天生的強烈母親慣性，就是把他們難以排解的負能量全往自己心裡倒，思忖著、琢磨著、煩憂著、一點一點地累積著，終於，再也裝不下，滿出來，讓自己承受不住。

禍福相倚，這段逛醫院的養病日子，我找到了一顆生命彩蛋，那就是體會到蔡璧名老師所解析的莊子思維：

深情而不滯於情

我仍然深愛著我的孩子，用心默默感受著他們的一切、他們內外的跌宕起伏變化。但是，我終於澈悟：我，無法代替他們成長。

人生必須留給已長大的小子們自己去磨、去闖、去體驗，自己長出養分；沒有一個人生不苦不痛，我們也是一路跌跌撞撞，到了今天仍舊不知道還有多少冒險與荊棘；我們怎麼受傷而成長，孩子就會怎麼將一個個傷口結痂成堅韌的繭與新生的皮膚。我們躲不過，他們也一樣要交人生功課。

在父母能夠發揮影響力、孩子有理智願意打開心門時，就盡心盡力；若多說無益，就不要再說。父母不可能點通孩子每一件事，點不通的，就留給社會大學繼續幫忙。

原來，這幾個月的生病，是老天爺的繼續恩寵與進階調教。因為，人類的青春期愈來愈長，人類父母真的辛苦，要超修的功課愈來愈新愈來愈多，真不是寫本書就修得完，所以寫了第二本（但其實還是不夠）。遲了七八個月才出版的此時，我又聽到上天的密語：這位寫作的媽媽啊，我是在等待你自己升級之後，才准許你的書出版喔。

如今，我不僅敢自己睡，還能享受一個人爬大半天的山，自在灑脫。因為我知道，真正的深愛，不該是把自己困在孩子成長路上躲不過的人生功課裡。如今，即使孩子一整天橫眉豎眼、怒目頂撞或憂心掙扎、茫茫無助，我已了然於心。或乾著急、或操煩嘮叨，毫無助益。

我不敢說我絕對不憂不懼，一夜到天明，但絕對閉了眼，讓煩擾之事過了心門而不入心。我是我，孩子是孩子，深深呼吸吐納便入夢鄉。

以上，說明了我為什麼不再想多寫教養議題，因為，寫作必須誠實，現在的我已經比較關注自身了啊！

靜待孩子對生命的開悟

不過，孩子終究是會改變的，只是速度很慢，朝夕相處，感受著實有限。

比方，大兒子申請大學的過程並不順遂，本已放棄個人申請入學，吃了秤砣鐵了心、決心參加指考以扳回一城，甚至買了厚厚的參考書，向補習班報到。

沒想到，老天爺眷顧他對自我興趣的熱情，在他發憤圖強準備指考三週左右，竟然柳暗花明大轉折，該校系突然通知要多備取一名。這個校系可是他從國中以來便夢寐以求的第一志願，實在令他喜出望外到驚聲尖叫。

隔天，我們全家便去餐館為他小小慶祝一番。我問小子，不是一向最喜歡貼炫耀文嗎？怎麼美食當前無動於衷，不拍照不貼文呢？他的答案令我很驚訝。

「我的同學有一些學測考不好，現在還沒著落，有些人很緊張地準備指考，壓力非常大。我貼文炫耀，他們看到不太好受吧？」聽到大男孩細膩的同理心，我心裡一陣驚喜，這完全不像過去大剌剌、率性而為的他！

「欸，你怎麼會想那麼多，這完全不像你的風格啊！」

小子又說：「因為之前抱著高期望，覺得志在必得，卻大大落空，我心裡非常慌亂，又不斷看到同學貼喜訊，我非常痛苦。所以，我不想貼文去刺激還在備戰的同學。」

不僅如此，幾天後，這小子每天一大清早，輾轉幾趟車、搖著區間火車從台北趕到樹林小鎮，做什麼呢？原來，他遝自查詢資料，在樹林找到一個扶助弱勢兒童的基金會。他自願當志工，每天陪著弱勢兒童，教他們寫功課、才藝或是陪他們遊戲。為什麼呢？

「媽，老天爺真的太眷顧我了，我想讀的校系，祂那麼大方就送給我。其實我默默許了一個願望，這個暑假乃至於我以後的人生，一定要抽出時間，在我的能力範圍內，幫助有需要的人。」

那個暑假整整一個月，鬧鐘一響小子就跳下床，奔赴一整天的付出與關懷，每天都忙到七晚八晚。

過去，我對三小子最擔憂的就是缺乏同理心。我透過繪本、新聞、電影，或分享朋友的故事，想方設法來激發他們為別人著想之心。但男孩們的同理心永遠像一灘死水，激不起浪花，甚至漣漪都細弱難見。或許稱不上刻骨銘心的失落，但就經歷這麼一次「非要到不可的東西竟從身邊擦身而過」的折騰，就教會他這門我花了十多年都教不好的功課。

《華盛頓郵報》曾評選「人生中的十大奢侈品」，第一則就是「**生命中的突然覺悟與開悟**」。青春期的孩子要得到這個禮物，真的極奢侈，因為他們非得經過真真實實血淋淋的人生體驗，絕不是父母一廂情願叨叨唸唸能如願！

父母只有一個字：**等**！

但是在等待的過程中，我深知其煎熬與考驗，太苦了啊！尤其是這個網路時代、這個過度強調個人主義的時代，教養孩子已參雜太多我們無法掌控，甚至根本不知的複雜因子與資訊。

因此，這第二本青少年教養的書，我有很大一部分著墨於網路與手機的使用，戀愛與人際關係。我知道，還有很多課題塞不下，但是，我已把覺得極重要的課題放入。

一路走來的新知舊雨，一起練功吧！

第一部

你那愈來愈陌生的孩子，該怎麼溝通？

Q1 你也在羨慕別人家的孩子嗎？

定睛看看孩子願意做的部分、已經做到的部分，以及還在嘗試的部分，先別急著扣分。

隨興和朋友閒聊起媽媽經，她不知不覺就數落起自家小子，既不聰明又不夠努力，然後大嘆一口氣說：「為什麼某某某能生出聰明又自動的孩子，不勞爸媽費心插手，總是名列前茅，個性穩定又多才多藝，我家臭小子資質普通又不夠努力。怎麼我就生不出像某某某一般的孩子呢？」

她的抱怨直指我的內心，我捫心自問：「我也常羨慕別人家的孩子嗎？」是，我也會，而且不用等小子表現不佳，光看別人孩子光鮮亮麗的表現，眼前便冒出七彩繽紛的撩人煙火，羨慕之情油然升起。為什麼別人家的孩子這麼優？然後，教養災難於焉開始。從這一刻，我便不由自主地對眼前的小子進行「扣分」動作：

讀書不專心，扣分！
不夠自動自發，扣分！
拖拖拉拉，扣分！
動作太慢，扣分！
粗心大意，扣分！
容易分心，扣分！
丟三落四，扣分！

扣分，扣分，扣分……扣到最後連基本分也扣光光。

然而，眼前，明明就是個還算體貼窩心、總是讓家裡充滿盎然生氣、對自己興趣執著又努力的可愛孩子，為什麼這孩子被老媽扣到最後都不及格了呢？

日常中值得加分的小事

耳畔響起《被討厭的勇氣》作者岸見一郎的一句話：「如果父母能學會從『孩子好好活著』這件事當成起點，那孩子不論做什麼都值得加分。」不斷定睛在難望其項背的別家孩子，教養自然走上「扣分」之路。但岸見一郎說：教養好孩子，是不斷「加分」，不是不斷「扣分」。

清晨，能輕喚一個迎向希望的孩子，就值得加分；夜晚，能擁抱安穩入睡的孩子，更值得加分。因為孩子又平安度過一天，又茁然長大了一些，又有不斷改變與開創的無限可能。

猶記小兒子初來乍到課業繁重的國中時，總是帶著忐忑不安的心情經歷一次次艱難的段考。每次考卷發回來，總是有的光彩，有的悽慘。如同我在《誰說分數不重要？》一書中所述，當孩子考差，我努力督促自己千萬不要做以下三件事：

- 過度安慰
- 斥責痛罵
- 與別人比較

我更用力提醒自己，盡量做到三件事：

- 捧出強大的心臟
- 安靜不多話
- 淡定的臉色

但是，我似乎少說了一項。

對於願意付出努力但成果未必豐碩的孩子，我應該還要多做一項：跟他誠心誠意說謝謝。

謝謝孩子願意按部就班，盡可能完成每日的課業與複習，這值得加分。

謝謝孩子願意自己找方法研讀擅長的科目，這值得加分。

謝謝孩子對於自己不擅長的科目，即使深知一分耕耘未必有一分收穫，但仍願意費心盡所能去努力，並勇於面對結果，努力不放棄，這值得加很多分哪！

定睛看看孩子願意做的部分、已經做到的部分，以及還在嘗試的部分，哪會先扣分呢？別急著扣扣扣，先要加分，加分，加分。

Q2 兒子們都是已讀不回？

爸媽操煩的問題，每一個主詞都是「他」，不是「我」，而且，已讀不回，其實是已「獨」不回。

自從大兒子住校之後，我在週間充分感受到只有兩個兒子的相對輕鬆感。而且，為媽的我現在愈來愈能掌握一種「放手的哲學」：孩子出門像丟掉、回來像撿到。

只要孩子一踏出家門，我已練就不要折磨自己去操煩小子的大小事。只要有一點擔心的念頭冒出來，我的「自我對話」也會立即冒出來：

「矮油，他會有辦法的啦，沒辦法就自己承受結果，自然就會做調整了。」

「想當年我在國外讀書時掛急診，破英文還講不清楚病況，獨自在病榻上躺了一整晚，最後不也安然度過？」

「哪隻小鳥學飛時不會摔個幾次呢？最好趁現在復原力還很強大，多摔幾次才會長大。」

於是，以下這些問題：

過敏非常嚴重的兒子會不會懂得定期清掃桌面床頭？

變天了懂不懂得添加厚衣？

晚上睡覺前有沒有滑手機滑到天荒地老？

早上不會蹺課吧（當年我蹺很凶還不是順利畢業了）？

重度打呼的他和室友處得來吧？

有經常補充蔬果嗎？帶去的維他命有吃吧（當然沒有，因為從來沒主動提過需要補貨）？

有積極學習、充實過日子吧？

……

唉，何必庸人自擾？這些問題的每一個主詞都是「他」，不是「我」，所以全部都是孩子自己的責任範圍。可以、應該、必須全部清空，留給「主角」本人去思考、去學習、去經歷、去感受或受苦就好，放寬心吧！因此，隨著孩子「出門像丟掉」，這些問題也該瀟灑乾脆地一一丟掉。

來自兒子們稀珍的訊息

不過大男孩出了家門之後，似乎相當習慣、也很享受「被丟掉」的感覺。他們多半是悄然無訊也無息的。

天冷了，會不會捎來一聲問候？不會！

爆炸性大新聞發生時，會不會丟一點漣漪來討論？不可能！

而我們給他們訊息呢？如果不帶問號、不涉及他們個人且急迫的事務，最正常的反應就是：沒有反應（已讀不回）。

如果渴望他們的回覆呢？那就發一個極度明顯「事關他們」的訊息，並且句尾一定要記得帶上一個明顯的「？」，以勾起他們回答問題的「反射動作」。如此，爸媽應該就可以寬心坐等兒子們稀珍的回應了。

不過投資報酬率非常低，任憑爸媽發出的是如何千絲萬縷的關愛（只差沒留下送橘子的動人背影照片），兒子們的回覆千篇一律：好！（一個字哪成篇？而且他們絕不可能還費事加個驚嘆號）；當然也有兩個字的時候，那就是：ＯＫ。

不寫字總可來個貼圖吧？花心思找創意貼圖這種好康事是不會留給爸媽的，爸媽能等的，就是那種最快速可取得的陳腔濫調「公文式貼圖」。

你說，兒子們什麼時候會主動上門？那還用說，過不下去的時候啊！那什麼時候過不下去呢？當然是缺ㄎㄡㄎㄡ的時候。這是養了狼心狗肺的白眼狼嗎？

某個週末晚上，我在外邊參加聚會，接到了念電影系的兒子非常稀有的電話，但卻不是來要ㄎㄡㄎㄡ的。

「媽，我剛才搬道具的時候，不小心被一張大桌子壓到了好幾根手指頭，都腫起來了，現在非常痛，我覺得不太對勁，怕手指頭骨折，你覺得我應該明天去看門診，還是現在處理？媽你覺得怎麼做比較好？」

哇！這一大串，真是我兒子嗎？

已讀不回=已「獨」不回

原來，平常沒給訊息，就是最好的訊息；有訊息來，就是有大條事；原來，不發訊息，並不代表風箏放出去就斷了線，那放風箏的細線一直都在，而且緊密又堅韌。

我終於知道為什麼兒子住校去，我很少朝思暮想擔心又受怕了。因為，我心裡一直都非常清楚，兒子若真遇上重大的事，絕對會在第一時間告訴我們、主動向我們諮詢、和我們討論。

細線不是只繫住了那一頭的風箏，做媽的我這一端，一直都能穩穩感受到牽繫的線握在我手裡。那是因為我並非突然就放掉這只風箏，而是從好端端拿著風箏、裝上了線軸，先試放一點線，等他飛穩了，確實掌握到這只風箏的舞動方向與振動頻率，才慢慢地、一點一點地放長了線。

如今，我感受到我手裡的線不時跳動著、有力地亂竄著，我清楚，那飛得有點遠又不算太遠的風箏正舞動翅膀、享受自己的飛行練習，即使有時絲線緊繃、竄得慌亂無章，也得放手讓他自個兒挺住大風的摧折，御風而上，我很能理解他沒有心思意念也沒有時間頻頻回頭。

有一天，電話又響了，風箏那一端顯得很焦急：「媽，你有看到我一疊×××的資料嗎?就是那天我回家時@#$%$%&的一疊Ａ４資料，有嗎?太好了太好了，我晚一點回家拿喔！」

哇，原來，會跟家裡聯絡還有這種時候。孩子的爹搖頭嘆道：「我看是住校住得不夠遠，住到南部去，看是怎麼回家拿資料。」然後立刻轉頭對弟弟們喝道：「你們兩個大學最好都到遠遠的地方去讀，才有機會真正學獨立。」

以上這篇是我某天在臉書上的貼文，沒想到，文甫推出，一堆同溫層媽媽紛紛跳出來+1、+1000、+1000000。兒子們和爹娘見著面是怎樣的省話，網路上就是怎樣的省字、無聲、無息，這方面的表現是百分百一致。

我們一群媽媽只能下一個自我安慰的結論：沒有消息就是最好的消息。

事實上，在兒子們心裡的真實狀況可能是：已讀不回＝已「獨」不回。

也就是說，不回消息，或許代表孩子已把自己各方面的事情處理ＯＫ，不勞爸媽擔憂與出手。

但是，何時能看到孩子們進化成貼心的「已讀有回」？甚至達到既不讓人操心又很懂事的「已『獨』又回」呢？根據我多方蒐集的資料顯示，那真的有得等了，曙光可能出現在他們當爸爸的時候。

Q3 青少年都有大頭症？

被「自我」塞爆的青少年，容易膨脹成「超大頭症」。
給大頭戴頂漂亮的高帽子，讓高帽子把大頭包裝得頭好壯壯。

如果根據「Yahoo 奇摩新聞」一篇取自日本網站 netallica 對大頭症所下的定義，那青少年大概都屬於高風險患者。該報導指稱有以下特徵者，可稱為大頭症。

- **缺乏想像力：**既無法體恤別人，也不知道自己做了不該做的事
- **自尊心強：**遭人指正，立刻暴跳如雷
- **批評責難他人：**只看到別人的錯，看不到自己的非

- **對人品頭論足：**彷彿全世界自己最偉大
- **不顧慮他人：**只知瞎撞瞎闖，將他人死活置之度外
- **極端自戀：**一切行動只為自己
- **視野狹隘：**容易與人意見相左
- **缺乏常識：**想怎樣就怎樣
- **欠缺耐性：**一味追求私人愛好
- **堅持己見：**凡事不讓步，淪為「眾人嫌」

被「自我」塞爆的超大頭症

滿腦子都被「自我」塞爆的青少年，當然比起任何年齡層更容易膨脹成「超級大頭症」。對於此種症頭，我要下的處方箋，就是給他們那顆大頭舒舒服服戴上一頂漂亮的「高帽子」，讓大頭在高帽子裡顯不出惹人厭的大而無當，讓高帽子把大頭包裝襯托得頭好壯壯。

我在教養上一向最引以為傲的是三小子從小到大從不曾彼此動手腳，連口角

都不太常發生，沒想到這番榮景也抵不過三波青春荷爾蒙大碰撞。其中兩小子一個準備大學學測，一個準備國中會考，天天都悶在超高壓力鍋裡，一觸即發。

這天因為細故，兩人大吵一架，大隻的情急之下竟猛推小隻的一把，這算是打破家庭歷史的重大事件。覺得自己受到嚴重屈辱的弟弟反應非常激烈，立即要求哥哥道歉，但到底哥哥有沒有道歉已不可考。

其後兩兄弟展開長達兩三個星期的冷戰，把彼此視作垃圾與廢氣。別說沒有半句互動，連進門撞見也絕不打招呼。某天，弟弟走到廚房喝水，剛好哥哥走出來，準備學測到昏頭脹腦的哥哥就這樣撞到弟弟。這下可好，這筆帳要怎麼記？

弟弟怒氣沖沖跑來跟我抗議，說哥哥記仇，連走路都故意撞他，他非常憤慨難耐；哥哥則說弟弟有沒有神經太脆弱，他根本不記得有撞到他。就這樣，冷戰中的兩兄弟關係更是雪上加霜。原本我還期待兩人隨著時間過去就會慢慢和好，看來是遙遙無期了。此時，做媽的就要出來主持溝通會議了。

但立即把小子喊來溝通，他們絕對沒好氣，要不然一定會直接丟給我三個字：「沒時間」。最重要的是，唐突把對峙的雙方找來，很可能讓慘案走上死路。於是，我跟兩個超級忙碌的小子約定週六晚上空出十五分鐘，大家坐下來談談。

滿足青少年的自命不凡，屁孩升級

在此之前，為媽的我已盤算好要先運作一下。

趁弟弟留校讀書，我找哥哥單獨約會，請他吃一頓十八歲轉大人專屬特餐。青少年的特徵就是給他好吃好喝就打回兒童版，吃後吐真言。我跟他聊興趣、聊朋友、聊未來，就是不聊他和弟弟的過節，讓小子不知不覺卸下防備。

直到他談班上同學的八卦，我才見縫插針自自然然地塞進一句：「我覺得你真的成熟很多，很多事情見解很獨到，也處理得很漂亮，不用媽媽操心，這一點我真的很感謝你，你果然跟國中的時候很不一樣。像弟弟，現在正是最煩人的時候，你覺得該怎麼和他溝通比較好？」

媽媽我誠心誠意向剛走過國中路的小子請教，沒想到小子知無不言、言無不盡，把他所知道的中二病症狀、他所讀過的心理學、溝通學傾囊相授。當然，對孩子言之頗有理的滿腹學理，媽媽我是發自肺腑感到驚喜。但更重要的是，此時我絕對要抓對節奏，給小子安上一頂漂亮圓潤的「高帽子」：

「哇，原來國中生是這樣想的啊，難怪你弟弟現在這麼難纏。你果然已經過了中二階段，真的比以前懂事很多啊。你弟弟現在還在過程中，你是過來人，我相信你能給他多一點包容！」

點完最重要的最後一句話，我瞧見小子臉上的稜角突然柔和鬆懈。

趁著弟弟回家吃消夜大放鬆，我也湊上笑臉：「在學校讀書很累吧？媽媽今天幫你洗碗，來！」趁小子滿臉感激、收起尖刺，我順手拍拍他的肩膀，隨即丟出一頂線條俐落的高帽子：「準備大考，情緒平穩很重要。像你這樣有能力的人，怎麼可以卡在小情緒裡呢？你是做大事的人欸！」從小就矢志要擔起台灣原生動物保育重責的他，大大的頭裡冒出一雙驚喜的亮眼。

週六晚上和解溝通會議展開。萬萬想不到，還不到十分鐘，兩人就和解了。認為自己應該更成熟的哥哥竟彎下身段，向弟弟表達誠摯又清楚的歉意；而自認將來有大使命要推動的弟弟，也願意從牛角尖裡鑽出來，落落大方地答覆哥哥：「好，這次我接受你的道歉！」

對付普遍患有大頭症的青少年，就想辦法讓他們的大頭與高帽子完美搭配、相得益彰吧。

Q4 青春期孩子都是自私鬼？

青少年「只想到自己」，是因為「自我」占得太大太滿，那不是人性邪惡的暗黑面，而是太單純、見識實在太有限。

演講時，有個媽媽站起來大聲控訴國中的女兒非常自私自利，只要是自己喜歡吃的，一吃就沒完沒了，完全沒想到要留給其他人，都要媽媽提醒才罷休。

這位媽媽說，孩子個頭都這麼大了，為什麼總是想不到別人呢？於是，就出現青春期爸媽的第一慣有想法：都怪我沒把孩子教好。

其實，我必須說，沒有青春期的孩子不自私。因為，青春期孩子的大腦只裝了一個字，就是第一人稱的「我」，且塞得滿滿滿，容不下第二人稱「你」，更容不下遙遠的第三人稱「他」。如果他們顧慮到別人，那才是真正的反骨。

爸媽要不斷提醒自己：此時，他們正高度發展自我意識、尋找自我定位，這是他們每天睜開眼睛自動進行的頭項偉大工程，為了將來能良好安適地繼續人生，這個工程不容拖延、不容中斷，所以每分每秒，青少年都會緊緊抓著「自我」不放。

然而，在他們拓展得還不算大的世界裡，能把自己的需求、想法、渴望、願望搞定，早已筋疲力竭，當然也就沒力氣管別人。

我家小子之一在六年級時，邀了七、八個同學來家裡玩，我做了一大鍋義大利麵請他們吃。但我言明在先：我只負責提供餐點，請同學自行分配洗碗、擦桌子等善後工作。

結果，餐畢人鳥獸散，餐桌上油渣處處，僅一小四方桌面乾淨晶亮。

我問：「是誰負責擦桌子的啊？快來！」

一個俏皮可愛的女孩堆滿笑容，立馬舉手。我再問：「你確定你擦桌子了嗎？」

女孩從容又自信地回覆：「是啊，我擦了。你看，不是很乾淨嗎？」

原來，她只擦了自己使用的一小方桌面，其他，她壓根沒想到要擦。

問題出在哪？自私嗎？其實也不是，就是根本想不到。

這就是青少年，比起大人「人不為己，天誅地滅」了然於心的「真自私」，青少年的「只想到自己」，其實是因為「自我」占得太大太滿，所以根本想不到其他人，那完全不是人性邪惡的暗黑面，而是腦袋裡裝的東西太單純、見識實在太有限。

除非成長經歷曲折坎坷足以磨出提早洞悉人性、熟稔於察言觀色的超齡早熟孩子，否則，一切狀態都還在接水接電階段的青少年，就是只能想這麼多。眼光跳到十年之後吧，他們不會永遠保留這種大個子裡面很純粹不偽裝的「假性自私」，這就是十五二十時的青澀。啊！沒錯，是很酸、很澀、很不成熟，但是，大人們，你就是沒有。

對於青少年的「假性自私」，我們能做的，就是預先提醒、找機會用問題引導他們將心比心、換位思考。這是不斷累積的過程，絕不會一步到位。如果青少年還是設想有限、成長太慢，那就放手讓他出去看看別人的臭臉、碰碰別人的壁吧！屆時，他們的頭腦自然被迫得裝下別人的需求。

Q5 青春期孩子都不能罵嗎？

控制自己的音量，會更具效率；如果修練得更好，
請把「罵」提升為「訓誡」，不僅傷害降低，效果還倍增。

若是真有爸媽做得到對自家青少年完全不怒目相向，我相信他不是放棄了孩子，就是孩子已遠離家鄉或長期不在身邊。

我問爸媽，多久罵青少年一次？

十個約九個是天天都有零星（無感或輕感）的戰火；其中有一半大約三四天以內必定開上一場（有感）戰爭；一兩個星期上演一次「野獸派叫囂大戲」已經成為常態。

所有教養專家都會告訴爸媽，面對青少年，要學會新的溝通技巧，要不斷進化。我也在上一本著作《家有青少年之父母生存手冊》裡，苦口婆心勸大家要進化成父母2.0版。

但我始終很清楚，在這個全世界搶著熱頭指控父母「你的孩子不是你的孩子」的新親子時代，我和所有父母一樣，都不是神，只是個「人」。

你的爸媽也不是你的爸媽

很多時候，我和許多爸媽一樣，也好想伸出輕盈的手指頭，優雅飄然地對著孩子、甚或把爸媽冠上「直升機」、「控制狂」、「毒性父母」的專家學者說：「小孩也是會情緒勒索我們的好不好？你的爸媽也不是你的爸媽啊！」

或許爸媽的理性腦前額葉已建構完畢，或許爸媽的情緒腦杏仁核比諸青少年的作用沒那麼強，但是，爸媽的杏仁核可從未消失，因此也會有情緒，也會被困住，也會有極限。

好多的爸媽深怕自己成為親朋好友眼中不長進的惡父狠媽，不小心大聲了幾句便充滿罪惡感，於是日日忍、又日忍，這個不敢講、那個不好說，最後只落得兩種下場：

- 第一種下場是，功能健在的杏仁核長期委屈壓抑，因此蓄積的「惡能量」一次大爆發，一世英名毀於一旦，涓涓細流如明媚風光的好媽媽好媳婦形象完全破功。且大多時候置身事外的「豬隊友」很可能站出來主持正義：「你看看你，ＥＱ就是這麼差，能把孩子教好才怪。」長輩若再補一刀：「小孩不是這樣教的。」真的，當下可不是需要「被討厭的勇氣」，而是「直接跳下去的勇氣」。
- 第二種下場是，孩子犯錯，乾脆不看、不管、不介入，直接跳過比較好過。

爸媽不是神，被激也會六神無主

有個媽媽問我：孩子強勢要求手機要吃到飽。媽媽問為什麼？他說，我要了解性知識，我要跟同學一樣，看十八禁。

孩子問媽媽：「你和爸爸以前沒看過十八禁嗎？少騙我。」

這位媽媽覺得不該騙孩子，於是誠實以告：「沒錯，是有看過。」

孩子趁勢進逼：「所以，媽你別裝清高，你可以看，我也可以看。」

這位媽媽說她怕孩子不服，怕孩子看不起，不知該怎麼回答但也不敢管。

「到底該怎麼辦？」

我問這位媽媽：「什麼是十八禁？不就是十八歲以下不能看嗎？告訴你兒子，爸媽是監護人，所以必須守法，因此要監護孩子的行為。爸媽就是要做應該做的，不能做不該做的事情。」

「但是孩子很生氣，硬咬著說父母很虛偽，自己可以做，別人卻不可以。」

「這位媽媽，孩子生氣是正常的。好好跟他說明正確的處事原則，你也覺得問心無愧，就該和孩子的情緒切割清楚，不要被他的爛情緒牽著鼻子走。你可以溫和堅定地告訴他：『你可以生氣，我允許你生氣。但是，身為家長，我還是得做我應該要做的。如果真的那麼想看，可以喔，我陪你一起看，而且一定幫你找最適合的來看。』」

「但孩子一直一直頂嘴，弄得我現在都不太敢管他。我不習慣把場面弄得難看，所以就裝作不知道、乾脆不管。」

這就是第二種下場：掩耳盜鈴、息事寧人。

接下去，此款孩子就會愈來愈我行我素、愈來愈囂張、愈來愈跋扈；最後，孩子的世界裡，就只有自己是對的。如此一來，想要養出有自覺力的孩子？絕無可能。

這是真愛孩子嗎？孩子長歪了，這世界最倒楣的還是爸媽，因為全世界都會指著爸媽痛斥：「還不是你們把孩子寵壞了！」

我雖主張要和孩子坐下來一起協商討論、傾聽孩子，以及，不要在都有情緒的時候硬碰硬。但是，有三個青少年的媽媽我深深體會「伴青少年如伴虎」，我身邊有無數在青少年面前窩囊到不知所措的爸媽，他們委屈自己、縮小自我、丟掉自尊到幾乎失眠，甚至快犯上憂鬱症。

我必須說，很多爸媽都願意反省、也不斷學習成長，但是，青少年的情緒千變萬化，再努力的爸媽都有被激到六神無主的時候。

所以，當這個世界不斷要爸媽把孩子當成「獨立的生命個體」來尊重的同時，我也要大聲呼籲，請把勞心勞力、千辛萬苦才餵飽孩子肚皮、又要教養他們成人、更得為他們行為負責的父母，當成「人」，而非「神」來看待。

三分鐘，護一「身」

我真心知道有苦說不出或根本不敢大聲說的悶，長此以往，爸媽們，先倒下的不會是孩子，而是你們。真的，憋久了會生病的！

我罵不罵小孩？我家裡可是有三座活火山耶！小子還曾給我下馬威：「媽你算什麼親子作家？還不是跟別人一樣罵小孩？」親子作家也是人，也是肉身做的父母，我可以盡量要求自我，但我不必做聖人，我也有 hold 不住的時候。

但是，請把握一個最低度的要求：罵人請控制在三分鐘以內。因為再罵也是浪費能量，而且罵太久一樣會生病。根據研究，大發脾氣超過十分鐘，心臟絕對會受損，那麼罵人就不是發洩，而是自虐。

如果還有一點控制力，就要控制自己的音量，那會更具效率；如果修練得更好，請把「罵」提升為「訓誡」。如此，傷害會降到很低，效果卻倍增。

但是「罵」和「訓誡」有什麼不同？

- 罵人音量大、聲調高低起伏不一；訓誡則是平穩嚴肅，堅定地指正說明
- 罵人的內容比較鬆散沒組織；訓誡是有系統、有條理、有重點
- 罵人絕對是以發洩情緒為首要目的；訓誡是為了指出錯誤、提出要求、說明目標
- 罵人是隨心所欲；訓誡可以預告安排

不廢話、不囉嗦、堅定肅殺地嚐下去

暑假時，小子們的生活規範時不時走鐘，逼得優雅慈愛的母親更先走鐘。於是，當機立斷安排了一場「即時訓誡」。

我在兩個小時前就先預告：「吃飯前大家到客廳，留給我十分鐘，我絕不囉嗦，有些事情要說清楚。」

時間一到，我的開場白再來個訓話形式預告：「同學們，今天我不是來討論

事情的，所以等會兒我說話時，請配合不要插話。為了節省大家時間，我絕不廢話，我已經把重點寫下來了。」

於是，包括暑假生活起居、浴廁清潔、餐具收拾等問題，我非常嚴正、簡潔有力地一一糾正清楚。

你說，我在訓話時有沒有情緒？當然有，不然我為何要訓話？就是想一吐為快啊！你說，我有沒有罵人、讓人不舒服？當然沒有，因為只花了六分鐘，我就把重點狠狠傳達完畢，絕對在小子們可忍受的限度之內。

「好，我說完了，可以做到嗎？」小子們臉色當然不甚好看，但還是點點頭。

做媽的我不會在乎他們臉色有多好看，因為被要求的人絕對不可能開心。我很清楚，這是人之常情，我是人，我兒子也是人，會笑著聽我訓話才詭異。

接著，我說：「為了怕自己鬼打牆，所以我已經把結論寫下來，直接唸出來，請仔細聽。」以下就是當天的逐字稿：

媽媽不是神，天天付出、不時容忍，我的耐性也是有限。當我不想再花腦筋溝通時，代表我累了，我可能就會用最直接原始的方式……

父母存在的目的不是討好你們，而是養育你們、教好你們。我真的不在乎你們生氣，而是怕沒教好你們。你們規矩差、做事能力差、態度惡劣、不獨立，是我最在乎的。因為，我沒辦法陪伴你們一輩子，更沒辦法養育你們一輩子；因為，我非常愛你們，所以希望幫你們把基礎打好，這是當爸媽的責任。

將來，你們只能靠自己，不再能靠我。出社會跟人相處，絕對不可能比在家裡輕鬆，所以，我才會要求你們，出發點就是因為我愛你們，希望以後你們能順利靠自己，真心希望你們理解。

散會！

沒半句廢言，非常有效率地傳達了非得傳達不可的規範，同時也讓小子們再次理解父母的出發點，速戰速決，十分嚴肅但沒有任何反彈。

我當然樂於和孩子坐下來協商、一起解決問題。但是當孩子太超過而缺乏自省能力時，我絕對贊成，偶爾且絕對必須有效率地「噹」孩子。

先想好重點，不廢話、不囉嗦，表情嚴正、眼神肅殺一點、語調堅定地噹下去吧！

Q6 說教沒有用，那要說什麼？

你給青少年三分顏色瞧，他回敬你的絕對是三分起跳；禮讓他三分，他反而甘願退到角落自己去腦補。

我一直強調，跟青少年交手，大談禮義廉恥聖賢道德，比不上多準備幾則笑話八卦，甚至和他們「練練肖話」都可能更有用。不過，這個道理似乎只能意會，難以言傳，更難實踐。因為爸媽講著講著，不知不覺「老靈魂」就是會「顯靈」，不要說喝令其退散，爸媽根本是渾然無所覺察。要爸媽閉嘴不說道理，基本上是知易行難，非得經過好幾番痛徹心扉的教訓，實難收「嘴」。

本人就是經過無數次鍾鍊，終於因為被氣到、怕到、傷到，而想通了不要隨便浪費我訓話說理的「浩然正氣」。那股想要教化人心的凜然正氣要出，也要出在刀口上；平常，嘴饞愛訓話，倒不如嘴殘裝木訥。

所以總是會有看不破的爸媽跟我抱怨：

「每天我都跟孩子強調應該要……，但是一點用也沒有！」

「我耐心把道理一一分析給他們聽，但死小孩只急著要滑手機！」

「現在的孩子都自以為是，我說什麼，他們就辯什麼，講到我火大！」

你想糾正青少年，青少年更想糾正你

有一個媽媽最頭痛的，就是她家小子對老師長輩沒大沒小、說話非常不客氣。導師常常反映他在課堂上毫不留情就起來嗆老師，有時明明是自己理虧，還要硬拗瞎掰，跟老師辯到底，激得老師都快招架不住。

媽媽三番兩次跟他說道理，告誡他要尊敬老師、注意態度，小子就回嗆：「是大人自己站不住腳、情緒化，還想說服我們，誰鳥他啊！」

媽媽試著分析老師的苦衷，比如說，要教的班級很多、班上秩序凌亂，因此心情沮喪，請孩子試著多體諒老師。

小子更不服氣：「既然身為老師，就應該要有能力挺住，怎麼會變成弱者，反倒要求比他小的學生同情他？這樣他別當老師不就好了，簡直莫名其妙！」

媽媽說她很難放任孩子這樣傲慢不懂事，但是每講一次，就吵一次，一點用也沒有。

「既然沒用，那麼還要講嗎？」我問，那母親木然。

我安慰她，讓她跳進同溫層。我告訴她，很多國中生都是這樣，「你以為我寫親子教養書，我家小子態度就好、就不嗆老師長輩嗎？他們天天回來跟我罵老師罵教官罵主任欸！」

其實，孩子跟我抱怨老師時，我也非常清楚，自己的孩子哪可能沒犯錯？絕對也有問題。但是，既然孩子還願意敞開心門一五一十跟我抱怨，那就代表做爸媽的還算及格，畢竟孩子對我們沒有防備，這個家尚且讓他放心自在大膽做自己。

所以，我安慰她：「起碼，孩子在你面前沒有防備，什麼都敢大膽直言。這個部分，絕對要極力維護住，才能讓我們永遠掌握到孩子真實的狀況，然後，進可攻、退可守！」

「所以，都不能跟孩子講道理？」

我再反問那位媽媽：「如果你自覺有委屈，或是覺得自己很有道理，然後跟你先生訴苦或抱怨，但你先生卻說是你才有問題，一直指正你哪邊做不對、做不好，然後指點你應該怎麼做才對，你有什麼感覺？」

「會氣死！不能理解我的苦衷，還先捅我一刀。我以後根本懶得跟他說。」

「那你覺得你兒子的想法呢？是不是也會覺得你根本和老師，也就是孩子認定的敵方是一丘之貉？幾次之後，會不會根本也懶得跟你說？」

「可是，我明明知道孩子態度很有問題，為媽的不糾正，才真是害了他。」

「問題出在青少年對大人的糾正實難領情，你想糾正他，他更想糾正你哩！」

要感化青少年，得先感動他們

青少年就是作用力與反作用力的最佳實踐者。你給他三分顏色瞧，他回敬你的絕對是三分起跳；你禮讓他三分，他便心甘情願退到角落自己去腦補。

所以，我都會靜靜聽他罵個痛快，讓他發洩個夠，負能量倒得差不多了，再讓他轉進我先設想好的故事裡。

比如，有一次我家嗆辣小子又開砲，我便問他：「那老師都喜歡你嗎？」

「有的老師很討厭我吧！但有些了解我的也會欣賞我。」

「你根本是老媽的翻版，不愧是我兒子。以前我也是這樣欸，工作的時候，有幾個主管挺喜歡我，但也有主管恨死我了，因為我太直，說話不給人留餘地。但我自認沒做錯任何事，幹麼假惺惺？幹麼要甩那些對我有意見的主管和同事？依然有話直說、毫不修飾，完全不管有沒有得罪人。」

「對啊，媽你現在不也活得好好的。」

「是啊，不過有一陣子我發現主管出去開重大會議都帶另一個同事，不帶我出去，我有點介意。忍了一陣子，終於忍不住了，因為明明是我手上的案子，主管還是帶另一個人去開會，簡直莫名其妙，所以我又衝上去跟主管大小聲。」

「然後呢？」

「主管說，就是因為我會像這樣出其不意地暴衝，所以很重要的場合就希望我避免出現，免得說錯話、惹麻煩、丟了案子。我聽了當場傻住。不過，後來，我就慢慢練功，因為我不想要功勞都變成別人的，所以說話前會先想想怎麼講比較好，也會留意自己的態度，不然大案子都拱手讓人，很不甘心。」

聽完，小子像被一支飛箭正中了靶心，就此定住，完全吐不出半點反作用力。人生經驗有限的少年郎，聽那冷冰冰的訓話，頭腦立即凍結；給他故事、讓他陷進有因有果、有脈絡、有轉折的情境，腦細胞便一個接一個連結成順暢的迴路，轉來彎去，便有機會連接到康莊大道。

想要感化青少年，得先感動他們。有所感，才能有所化；動之以情，才能教之以理。

耍耍心機勝過苦口婆心

說實在，我自認和孩子的爸為三小子們營造了一個溫暖有愛的幸福家園：爸媽民主可溝通，雖沒有大富大貴但絕對衣食無缺，每天回家有熱飯熱湯有擁抱有安慰，早上一醒來便是噓寒問暖、樂聲飄揚。

然而，沒有吃過苦頭的小子們依然常常對這個我滿意極了的家有諸多抱怨和不滿，我當然很想劈頭痛罵：「簡直身在福中不知福」，雖然是實情，但說出口就顯得是很low、很自以為是的老派爸媽。

跟青少年交手，耍心機就是勝過苦口婆心，治療小子的欲求不滿病，多說無益。有一天，我固定捐款的一個公益基金會寄來一份會刊，裡面記載著該組織對弱勢兒童所投注的各項支援與救助，其中一篇文章有個斗大標題：「無家可歸的孩子，該何去何從？」我便刻意部署了一個情境：好像我剛好一面喝咖啡一面翻到了這一頁，然後中途去忙別的事，只留下讀到一半的刊物擱在桌上。

小子剛巧經過，看到這篇標題很好奇，便湊過來問我：「那篇文章在講什麼？」我理所當然、稀鬆平常地說了我看到的故事內容：一個單親爸爸成天酗酒且家暴孩子，最後逼不得已，孩子被基金會收容到安置中心。基金會也派志工輔導這名教養上大有問題的父親，直到他改過自新、恢復教養孩子的能力，孩子才回家和爸爸一起生活。

但萬萬沒想到，爸爸突然發現自己罹癌，而且已經第三期，真是晴天霹靂！好不容易重拾的父子情就硬生生被老天爺摧毀。這個孩子不計前嫌，珍惜所剩不多的日子，天天到醫院去照顧爸爸。

充滿戲劇張力的真實故事顯然打動了小子。他默默聽著，竟若有所感地嘆道：「天啊，生到這樣的家庭真的好不幸，看來我們家幸福多了。」拎了書包乖乖進房讀書去了。

他以為他是碰巧聽到這個故事的嗎？當然是心機重重的媽媽布下他聽到故事的「機會」和「命運」啊！

Q7 「我都是為你好」是爸媽在自嗨？

青少年就是會把爸媽當成假想的威權主體，
無論爸媽獻的策有多麼正確，都會好心被雷親。

這幾年，爸媽們都很怕踩到教養「驚」句地雷，比如這一句：「我都是為你好！」不少長進的爸媽都已經小心翼翼地繞過，因為，專家學者如出一轍地警示，這句話表面上好像是為孩子著想，本質上卻是「情緒勒索」，為的是要達到爸媽的目的，總是諄諄提醒爸媽不要再用這句甜蜜的糖衣來包裝自己的需求、恐懼和期望。

以此論調可以導出一個公式：

我都是為你好＝情緒勒索

照這公式看來，在以下情境中，爸媽會不會都踩到地雷了？

對亂堆衣襪雜物而手殘不會整理的兒子喝道：「換洗的衣服襪子不拿出來，就請你自己清洗，爸媽這麼做是為了你好，目的是要訓練你獨立。」

對不按時完成作業、無法專注讀書的孩子下命令：「每天晚上七點半，就把手機留在客廳，讀書的時候不能使用手機。爸媽這麼規定都是為你好，希望你能專心讀書。」

對老是熬夜滑手機的孩子下最後通牒：「如果超過時間還不收手機，我會停掉網路。我這樣做是為你好，要幫助你自律。」

對參加轟趴的兒子三令五申：「請務必準時回家，並謝絕來路不明的飲料與食物，外面有太多你不知道的誘惑，爸媽這樣不斷提醒你，絕對是為你好。」

禁止孩子和愛抽菸又常蹺課的死黨出遊，並且嚴正告誡：「再不遠離損友，就不給你零用錢，我們這麼狠心，是因為你很容易受到朋友影響，這麼做真的是為你好。」

和熱中網路交友，還常常私下和陌生網友見面的女兒說：「如果出門不報備去哪裡、跟誰碰面、做什麼，絕對限制你使用手機，這個社會這麼險惡，請理解我們對女兒的擔心，這麼做真的是為你好。」

……

如果以上或輕或重的狀況都觸犯了「情緒勒索」，那麼作者我本人、我身邊眾多好友，以及無數讀者臉友，大概都算是「勒索慣犯」吧！

希望孩子學會整理房間，要他學會獨立，出發點不是為了孩子好嗎？

希望孩子不受手機誘惑，專注讀書，出發點不是為了孩子好嗎？

希望孩子作息正常，不要沉迷手機，出發點不是為了孩子好嗎？

希望孩子參加聚會要有判斷力、懂得拒絕毒品誘惑，這樣的出發點到底有什麼問題？

眼看孩子受朋友的壞影響而適時介入，父母的出發點就是為了孩子好吧？

被陌生網友殺害分屍的駭人新聞一樁又一樁，要求孩子外出要報備，難道不能光明正大地告訴她，爸媽是為她好？

我不明白為什麼時下大行其道的教養觀點要全盤抹煞「爸媽出於真心為孩子著想」的善意初衷？身為媽媽，我捍衛自己的初衷：就－是－為－孩－子－好。真沒別的了，好嗎？

上述爸媽介入孩子事務的方法，恰當與否，還有很多討論空間，也確實有某些父母，硬把自己的意志與價值強壓在孩子身上，但我在這裡要率先用大腦科學來反駁大家對「我都是為你好」這句話的誤解、曲解，以及過度解讀。

我都是為你好＝我要來當你的「代理額葉」

我在《家有青少年之父母生存手冊》裡闡明過，青少年之所以還不會慎思熟慮，是因為他們的理性腦前額葉還沒長好，還在接水接電的狀態，所以無法好好計劃思考、深謀遠慮，也無法控制衝動。但是他們的情緒腦杏仁核又特別大顆，情緒起伏比所有年齡層來得快速且劇烈。

此外，青少年有個部分非常敏銳——依核，這是大腦的獎勵中心之一，會一直發送訊號要他們去追求心之所向；加上多巴胺的作用，讓他們產生愉悅、滿足感，青少年便成了大人眼中的恐怖分子，大人怎樣都想不到的轟轟烈烈的大事、沒頭沒腦的蠢事，他們都可能做得出來。

因此，在《聰明但散漫的青少年怎麼教》這本書裡，名正言順要爸媽來充當青少年的「代理額葉」，以補充他們不足的判斷力與執行力。畢竟在青少年的成長過程中，關於生涯、網路、交友、酒精、毒品與性等等，有太多不可逆轉的高風險考驗等著他們。

這本書也引用心智專家巴克立博士（Russell A. Barkley）所提出的，青少年是「情境依賴」的人類，意指青少年的行為大部分是受到當下的情境，或是立即回饋的獎勵所吸引，再加上同儕的影響與鼓譟，青少年就是一群只看現在、無法高瞻遠矚、瞻前不顧後的短視人類。

所以，我來重新定義一下，雖然不適用所有狀況，但某些狀況的實情是：

我都是為你好＝我要來當你的「代理額葉」

青少年還想不透事理，父母如一盞探照燈先幫他們打亮前方，以免他們摔跤受傷走錯路，甚至走上回不了頭的絕路，出發點當然是：為－孩－子－好！怎麼能說爸媽都在情緒勒索？

不聽老人言，吃虧在眼前？

不過我雖然為「我都是為了你好」辯護，卻不代表這句話真的有效，相反的，它其實不太有效，有時甚至還會造成反效果，我認為這才是這句話的問題所在。然而，爸媽想拿下孩子的「額葉代理權」事實上還真不容易。你說，不聽老人言，吃虧在眼前。但是這個年齡的孩子大部分還真的就是「我甘願吃虧，也不要你管」。因此親子之間經常出現以下幾種衝突：

- 第一種：爸媽清楚看到問題所在，但孩子根本不覺得有什麼問題
- 第二種：爸媽清楚看到問題所在，孩子也清楚有問題，但是堅持用自己的方式解決
- 第三種：不管有沒有問題，爸媽都覺得有問題，威脅利誘哭喊，全力阻撓

前兩種衝突，正是因為爸媽比孩子更能看透事理，也清楚孩子的問題所在，因此知道怎麼解決問題對孩子最有利。但爸媽吃過的鹽比孩子吃過的飯多、走過的橋比孩子走過的路多，孩子就一定要聽爸媽的嗎？不管吃鹽吃飯、走橋走路，都不是重點，青少年的重點從來就是：我要自己吃過、走過才算數。

此時，「代理額葉」的功能絕不在直接幫孩子做決定，而在情勢分析、引導思考。以補習為例，孩子的數學成績每況愈下，爸媽打聽到一家聲譽不錯的補習班，硬是逼著孩子去上課，但孩子抵死不從。

這可能是上述第一種衝突，亦即孩子認為自己數學根本沒大問題，是爸媽窮緊張，所以不覺得需要補習；或是第二種衝突，孩子也意識到自己數學很糟糕，應該要補救，但卻不認為一定要補習，或者不認為一定要到爸媽指定的補習班才能解決問題。

這時，稱職的「代理額葉」首先要做的，就是幫孩子蒐集與分析資訊。如果認為孩子的數學問題頗大，那麼，就把近來的考試分數客觀比對給孩子看，讓他自己判斷與感受，數學是不是真的一直退步；或者，拿出數學參考書來討論，不會做的題目所占比例到底是多少？雙方可以協商一個標準，如果數學成績退步到某個程度，就必須去補習。

如果是第二種衝突，孩子覺得不一定要透過補習，或不想去爸媽指定的補習班，那就請孩子提出可行的解決方案，如果孩子的提案沒有明顯缺失，不妨尊重孩子的抉擇。心甘情願的青少年會盡力把事情搞定的，也許他們的方法真的比較有效也說不定。

要是孩子選擇了自己的方式，卻仍解決不了問題，他才可能回心轉意，願意聽聽爸媽的建議。這時無需威逼，青少年就會乖乖就範。對青少年而言，冤枉路是必要的成長成本，繞繞遠路，才看得多、看得廣、看得清楚，有時最遠的距離才是唯一的捷徑，爸媽真的要動心忍性放孩子闖。

不過，有一種狀況，爸媽就真的要強行介入了，那就是孩子走的是繞不出來的絕路、死路。這時，請別天真地以為把孩子丟到汪洋大海，他就會自己浮起來、甚至自己學會游泳。孩子染上不良嗜好、吸毒、交到不良朋友、參加幫派、性關係混亂，上述事態絕對需要爸媽快狠準地介入與處理。

第三種衝突，就真的是爸媽在「情緒勒索」了。不要說充當孩子的代理額葉，連爸媽自己的額葉也廢掉，資訊都還沒蒐集完整、尚未進行客觀判斷，爸媽就陷入災難化思考，因此，一哭二鬧三上吊、威脅加利誘，千方百計就是要孩子完完全全服膺父母的決定。這種「控制型的父母」注定只有一種命運，那就是親子漸行漸遠、分道揚鑣，劃下成年之後兩代難以跨越的鴻溝。

好道理換個人說

這個年齡的孩子總把爸媽當成假想的威權主體，他們就是會「天然反」，一心想打倒父母。無論爸媽獻的策有多麼正確、說的理是多麼天衣無縫，在青少年眼裡都會變成「控制者的工具」，遭遇完全被抵制的命運。

任何好決策、好方法、好方向，都會好心被雷親。我真心建議，每個孩子身邊都要有類似「代理父母」的角色，也就是他們喜愛、尊敬、願意親近又信服的其他大人，你們講不動的、他們懶得聽的，統統丟給「代理父母」代言，青少年不僅聽得通體舒暢，還會回過頭來主動跟你分享這些高人的見解，屆時爸媽只要拍拍手、摸摸頭、幫他加加油就好。

一個我從小看到大的孩子，聰明伶俐資質不錯，但就是愛玩手機不愛讀書，從七年級一路悠悠哉哉到眼看就要升上九年級，任憑爸媽怎麼苦口婆心，這孩子就是生不出動力將心思放在功課上。

有一天，這孩子的媽媽打電話告訴我，小子不知道受了英文老師什麼感召，竟然主動把智慧型手機交出來，只要了一部最簡單的智障型手機，說他決定要好好用功讀書為前途打拚。從此之後，小子的成績從不上不下，一路攀升，到了九年級已穩定進入全班前三名。

英文老師到底跟小子說了什麼，這位媽媽不得而知，但她說，有時候她會和英文老師聊到她的憂心與無奈。她知道這個老師很懂青少年、很會說故事、很會哄孩子，希望老師能找機會幫忙開導，沒想到，效果如此驚人。

如果你知道從你嘴巴講出來的好道理、妙決策，孩子都不買單，那麼就為孩子物色一個代理父母吧！明明是講一樣的話，效果就是不一樣。

Q8 教養「驚」句第一名：你那是什麼態度？

爸媽問這句話時，有打算聽到小孩的回答嗎？
當然沒有！因為它的本質根本不是「問句」，而是「罵句」。

這一句話的愛用戶很多，市占率接近百分百，你會不會也是其中之一呢？是不是超有效果？不然爸媽為何對這句話如此依賴？

對，效果真的很強大！我的使用心得是，如果想看火山青少年對你翻個凶狠銳利的白眼，說出這句咒語保證不會失誤。孩子的「『反』應」讓我深刻體驗到，這真是一句名副其實的教養「驚」句。

我們來拆解其強大威力：

「你那是什麼態度？」是一句疑問句，但不是「提問」，而是強烈控訴的「質問」，請問我們問這句話的時候有打算聽到小孩的回答嗎？當然沒有！因為它的本質根本不是「問句」，而是「罵句」。爸媽隱藏在這個問句後面卻沒說出口的完整台詞，其實應該是：

「我是爸／媽，你是小孩，你不可以用這種大逆不道的態度跟我說話，閉上你的臭嘴！」

此時，孩子轉譯出來的訊息重點已不是他的「態度」，而是他深惡痛絕的「態勢」：為什麼爸媽老是高高在上，就是要我俯首稱臣？為什麼爸媽總是要當主子、就是沒我說話的份？

然而，非常殘酷的是，孩子過去看爸媽，仰之彌高，現在身心都如光速般成長的青少年，已經可以三百六十度毫無死角的俯視爸媽的一切了，怎麼看，爸媽都只是一種矮小的生物。

所謂形勢比人強，物理的相對高低，微妙改變了孩子對父母的心理感受。即使爸媽還沒準備好跟孩子平起平坐，但孩子已難再對矮小生物唯唯諾諾。

因此，指著一個比你高大的生物大罵：「你那是什麼態度？」不但沒有任何嚇阻的作用，只會讓自認強大的對方感覺違和，然後順理成章殺出一個不以為然的大白眼、不偏不倚擊中爸媽高強的自尊，接下來，事態當然一發不可收拾。特別是像我這樣費了九牛二虎之力還難以解放自我尊嚴的X世代，豈容許孩子用白眼狠K我的自尊呢？

「驚」句收不到效果，就換句話說

在威權體制下長大的我們，從不被允許忤逆犯上，現在反過來，還要體諒下一代的目無尊長，是不是最衰小的一代？但是，我自始至終從不想委屈自己、無條件承接青少年的爛態度，更絕對贊成爸媽們要勇敢站出來，提點心裡沒有尊重二字的孩子。

既然這個老哏「驚」句收不到效果，那就得換句話來說，換一句不會拉出「我高你低」態勢、能立即打中孩子自覺的真正「金」句。當孩子又在態度上技術犯規，我會改成以下的說法：

我希望我們都能好好地說話……

我喜歡我們都有禮貌地表達……

等我們冷靜一點再來討論……

發現了嗎？我使用「我們」，而不使用「你」，為什麼呢？就是要製造一視同仁、全體適用、沒有我高你低的平等氛圍；另外，我用的詞彙是「好好地」、「有禮貌地」、「冷靜」，又是為什麼呢？就是要立即打中孩子的自覺，讓他們的大腦連到有效果的正確態度，並立馬啟動。

此時，爸媽會發現孩子殺氣騰騰的白眼鎩羽而歸，剛硬憤怒的臉部線條也慢慢消失。爸媽可能會一驚：「哇，你怎麼可能有這種態度？」

Q9 一個大人教不好，爸媽就來二打一？

親子爭吵，不管哪一種組合的「二打一」，絕對變成：全家網內亂打一通，大家都是輸家。

說實在，家有三個年齡相近的男孩，我真的很難相信當年自己就這麼挺過了「一打三」的崩潰日子。一手餵奶、一雙眼盯著身上彷彿裝了永續電池的學步兒、再騰出一張嘴為老大說故事……，被迫擔當身心俱疲的宇宙無敵女超人。其實這已算是天下太平值得感恩的日常了，要是碰到三個一起哭、一起番，媽媽我真的只好使出唯一的招數：乾脆跟孩子一起抱頭痛哭。

十年風水輪流轉，當年的一打二、一打多的情勢，來到孩子的青春期便角色對調。一個剛走過青春風暴未久的親戚晚輩，常跟我聊他當年的火爆行為。他提到當時之所以常一氣之下甩門而出，就是因為面臨爸媽聯手作戰「二打一」而招架不住。

黑臉＋黑臉，絕不是神助攻

原本只是媽媽跟孩子之間有過節，正在一來一往熱烈交戰，一旁悶不吭氣的局外人爸爸突然加入戰局。他沒有更高明的見解，只是不斷重複媽媽的意思，兩人你說完一句、另一人立即補上，左右開弓，孩子完全找不到任何空檔開口；有時爸媽還會搶話，都認為自己比較會講，喝令對方先閉嘴，「真的被疲勞轟炸到只想一走了之。」

還有一次在車上，原本也是媽媽和孩子在爭論，雖然有些激烈，但畢竟是一對一，他還願意洗耳恭聽。此時在開車的爸爸突然大吼：「你那是什麼態度？告訴你，我已經忍很久了，你說的%#^%&^%^&完全沒道理，你媽的意思是#%^$%&&*，你聽不懂嗎？你還在辯什麼，愈講愈離譜，你現在給我把嘴巴閉上！」

「我當下腦門充血，整個人瞬間大爆炸，大吼一聲：『我要下車！』我爸不甘示弱真的就立即停車吼回來：『快給我滾！』我二話不說就衝下車，自己在那個陌生的地方晃了好幾個小時，真想心一橫，死給他們看。」

「然後呢？」

「天色漸漸暗，我有點孤單，慢慢也沒那麼氣了，靠著問路自己搭車回家，到家都快十二點了。回來後我和爸爸冷戰了好幾個星期。我沒那麼氣媽媽，反而最氣爸爸，他就狀況外、從沒參與討論，幹麼突然開口罵人？我最討厭他這樣火上添油，對事情根本沒任何幫助！」

「二打一」感受到的壓力，絕對大於「一加一」，被雙面夾攻的苦主只有一種感覺，那就是家人都一鼻孔出氣，聯合霸凌他，因此不論爸媽有沒有道理，孩子都會先被孤立感刺激得只想敵對。試想，若我們在公司同時被兩個老闆罵，有比只被一個老闆罵效果好嗎？

我問我家小子們，他們的回答是：「你們大人腦袋有時真的有洞，如果我們聽得進去，一個人講不就夠了嗎？」

因此，爸媽們，一起跳入戰局絕對不是神助攻，通常會是——呷緊弄破碗。

火線外的另一半，閉嘴奉茶卡實在

還有一種組合是爸爸或媽媽中途加入，但不是加入大人這一邊，而是跳進戰局捅隊友。

前陣子幾個許久未見的婆婆媽媽相聚，有個朋友從頭到尾都在抱怨老公。原來，常常在教養最無力的時候，另一半無心無腦的「補上一刀」，才是激起駱駝頑強反擊最弱智的一根稻草。

朋友那甚少聞問教養的另一半，就在她和孩子針鋒相對、無以為繼幾近崩潰之時突然現身，非常嚴正、不留情面地指責她：「你看看你，講來講去都講不出個道理，說話也沒重點，你覺得你有比孩子高明嗎？你這樣想教好孩子才怪！」

這個指控非但沒有創造停損點，反而掀起另一波更強勁的狂風巨浪，引發這位朋友完全豁出去之瘋狂大暴走：「你這個只會出一張嘴的人，有什麼資格教訓我？不然換你來試試看，我看你碰到孩子這樣頂撞你，會有多高明！」「孩子有問題不是我一個人的責任，平常你都不聞不問，該教孩子的時候你人在哪裡？現在就只會站出來罵那個最願意負責的倒楣鬼……」

朋友這率真無偽的表述，立即引起在場姊妹熱烈的共鳴與迴響。原來，這種罪，大家都受過；這種苦，都是大家早已麻木的日常輪迴。

那陣子，我剛好讀到心理師陳志恆的著作《擁抱刺蝟孩子》，於是借花獻佛分享了其中一段內容給我的姊妹們：「當另一半已面紅耳赤、額頭爆青筋時，神隊友請即時補位，扮演好『情緒救援』的角色，請溫柔地過去帶她到一旁休息，這就是『互相補位』的概念。」「雙親要成為彼此的神隊友，指責與糾正是最不需要的。取而代之的，是最溫暖的關懷，以及充滿愛的眼神交流……」

專家的道理實際如何應用到生活中，我自己則延伸出最簡單的一招：在一旁觀戰的大爺或大姊什麼都不必做、什麼都不必說，趕快體貼地為另一半「奉茶」，卡實在。

當親子發生衝突時，雙親其中一方指責孩子，另一方卻來袒護孩子，甚至指責起另一半，結果會如何？負責管教者即使再有道理，都會因為另一半的拆台之舉，而被孩子看成「無理取鬧的攻擊」；而原本站出來可能是想化解紛爭的隊友，所說的字字句句聽在對方耳裡都像是專程來挑釁；在孩子面前公然被指責，也覺得失去父母的尊嚴；至於可能有犯錯的孩子，看到有人相挺，絕對暗自竊喜，自然而然合理化自己的行為、錯過了檢討的良機，還學會以後找靠山來帶風向。

這樣的結果就是三輸：親子變仇敵，父母互猜疑，孩子順利脫罪，不知長進。

美國情感創傷治癒專家英格爾（Beverly Engel）提醒，父母應採取互相支持的溝通策略，不互相拆台、建立統一戰線。對孩子的教養問題盡量保持一致，並共同和孩子一起制定好「規矩」。

我的結論是，親子有爭吵，不管哪一種組合的「二打一」，絕對是：全家網內亂打一通，大家都是輸家！

下次，親子戰火一觸即發時，爸媽切記以下幾點：

- 雙親有一方失控，另一方少說多做，溫柔奉茶，即時帶開
- 當意見分歧，當著孩子的面要即時住嘴，等心平氣和再另闢密室私下討論
- 當孩子有錯，爸媽絕對不要爭先恐後、捨我其誰、搶進教訓，特別是當孩子自認有一點道理或自覺委屈之時。黑臉＋黑臉，加速激出仇恨兒

Q10 以其人之道還治其人有效嗎？

同理心薄弱的孩子，除非親身經歷情緒上劇烈的波動，否則很難學會將心比心、感同身受。

我在網路上看到一個媽媽的分享，讓我佩服得五體投地。她對她那不分時間、地點隨口就飆五字經、走路三七步、屢勸不聽的國中兒子，使出了狠招。

某天，這位媽媽出其不意地在學校門口等她家少爺。遠遠的，她看到兒子和同學有說有笑地走近，媽媽就準備展開報復行動。

當兒子瞧見媽媽時，她便用三字經迎頭來個痛快問候：「幹×娘勒！這麼慢！」兒子當場目瞪口呆，連同學都驚到呆若木雞，半晌說不出話。

空氣當場凝結，這名潑辣媽乘勝追擊，再出一招：「看三小？看到媽媽不會打招呼膩？」

兒子的臉從漲紅到整個綠掉，二話不說，急拉媽媽上車，罵道：「媽你很丟臉欸，說話那麼沒禮貌又那麼大聲！」

哦，這位潑辣媽收到兒子的劇烈反應了，心裡禁不住竊喜。這番苦心自導自演大崩壞，等的不就是兒子的大崩潰嗎？趕快抓住大好機會，再補一記回馬槍：「兒子，髒話，我也是很會說的喔。但我就是能控制自己，再憤怒也不放縱自己說，這關乎一個人的教養與格調。你剛才感覺很丟臉嗎？告訴你，我也覺得非常丟臉。」

潑辣媽媽毫不留情下的這一劑猛藥，快、狠、準，一次就治癒了兒子的髒話病。不過既然是特效藥，此媽媽也同時殺死不少自己的優雅細胞。她自承：「哇，真的是超級丟臉。」

為母則強，為了孩子，什麼苦都能吃；為了點醒孩子，犧牲形象也在所不惜；忍辱負重，就是為了要把愛子教好。昔孟母，斷機杼；今潑媽，飆髒話。看來苦口婆心遠比不上逼真演技啊！

這招「以其人之道，還治其人之身」的游擊戰法，當然不是正統教養兵法。但是，我自己有三個火山少年，每天耳邊進進出出一堆媽媽們的苦衷煩惱，深深覺得，所謂有效的教養方法，雖有基本通則，但面對不同的孩子，絕無相同戰法。

對於同理心薄弱的孩子，除非親身經歷、情緒有過劇烈波動，否則很難學會將心比心、感同身受。所以，寶貝小時候愛打人踢人，難以體會別人會痛會難受，可不可以也給他一點體驗教育呢？有時直接告訴他：「你知道別人有多痛嗎？」直接讓無感寶貝感受一推一撞一南拳一北腿是何滋味？我真心不完全反對。

孩子若永遠學不會看人臉色、永遠感受不到別人的痛，那總有一天，很可能不知天高地厚闖出大禍。

怪招啟動無感青少男的同理心

有一個以捉弄人為樂的國中生，一時興起，竟在同學座位上放了一把又長又尖的大剪刀。同學不察一屁股坐下，剪刀從肛門戳進直腸，造成極度嚴重的傷害。無論惡作劇的男孩如何懺悔道歉，都已無可挽回。很可能這個孩子在成長過程中，少有機會被引導、去練習細細體察別人的感受，或者即使有引導，但就是遲鈍無感。

為什麼青春期的孩子，特別是男孩，同理心如此薄弱？《華爾街日報》有一篇文章〈青少年那還在發展中的同理心〉（Teens Are Still Developing Empathy Skills），援引《發展心理學》（*Developmental Psychology*）一項為期六年的研究，顯示女孩的「認知同理心」從十三歲開始穩步增強，男孩卻要到十五歲才開始增強。荷蘭烏特勒支大學青少年發展研究中心也有一項相關研究，研究者之一范德赫拉夫（Jolien van der Graaff）證實，男孩在十三到十六歲之間，「情感同理心」會暫時減弱，原因可能和睪固酮激增有關聯。

睪固酮激增會激發男孩的控制欲與權力欲。男孩因此想表現得像個男人，刻意武裝自己，讓自己看起來冷漠、強壯甚至強硬，而刻意抑制自己的柔軟心，這讓他們的同理心得不到沃土好好長大、長好長滿。

我們當然要找機會用問題、想方法來引導男孩鍛鍊換位思考的能力，讓他們慢慢學會將心比心。

但是對於無感指數偏高的男孩，抽象的問題、沒有情緒衝擊的言語敘述，很可能傳到他們耳裡，只會變成一長串嗡嗡嗡的煩人噪音。

啟動他們的感官吧！想讓男孩知道你很傷心，除了娓娓訴說，還可加點料，淚眼婆娑哭給「木雞」們震撼一下；對他們狂妄無禮的態度已忍到極限，那麼有時候我真會找個大好機會「反身教」，演活「肖查某」，然後提點他們看看我這個「反射鏡」裡有沒有熟悉的自己。

我不敢保證這怪招能不能得到專家學者認證。不過文章開頭那位潑辣媽飆髒話的例子，顯然成效卓著。而我把此事說給五個青少年聽，五個竟然都大聲叫好；十個狀況雷同的受害者媽媽聽了，更表示實用、好用、絕對有用。

當然，既是狠招，就不能常用。抓好機會再狠狠用，更要視孩子的個性斟酌使用，否則，狠招就是險招，弄巧反成拙。總之，青少年爸媽要進化，絕對要進修表演學，學會演很大。

Q11 被氣到，真的餓孩子個三天嗎？

最先軟化的，通常不會是孩子。
不是因為爸媽軟弱，而是爸媽的恥度無極限、愛無限度。

被火山青少年氣到極點，你有沒有發過狠誓，餓他個三天三夜，看他知不知道怕，知不知道爸媽的好？

我喜歡演講勝過上節目的原因，就是可以面對面和爸媽談心，蒐集爸媽的真心老實說。我問過在場的青少年爸媽，有沒有被逼到出過以上爛招？沒想到有很高比例的爸媽都舉手。哇，原來大家都在同溫層，一點都不寂寞。

我接著問，有真的給孩子餓到三天嗎？爸媽又都放下手。那到底給餓了幾餐呢？沒想到，平均撒手不管一餐飯之後，爸媽多半都無奈、無膽、無力又無言地回到崗位，默默洗手做羹湯。

身為父母，就是沒辦法狠心，就是會在一個時間點之後，自動回到最起初的愛心，對骨肉捨不得、狠不下、放不開。所以，我體悟到一個真理，孩子之所以永遠是我們人生最珍貴的禮物，是因為在他們不同的成長階段，都會帶給我們不同的功課，磨出我們不同的能力。

我們總說，上帝因為沒辦法照顧每一個孩子，所以創造了父母。我倒是非常深刻的體認到：因為上帝沒辦法教好每一個大人，所以創造了孩子。

誠如我在《家有青少年之父母生存手冊》裡所說的，青少年不是磨人精，而是磨出我們智慧的「金」。而我們永遠會無條件地原諒孩子、回到最起初的愛。青少年除了磨出父母的「智慧」之外，更徹底激發我們無可限量的——慈悲心。

冷戰沒意義，我們需要冷靜

小子之一常壓力一來就擺臭臉，說話沒好氣，讀起書生怕有任何聲響，門關得老緊，只要有人進門找東西、放東西，就得他一頓訓，戒備森嚴。這種不顧別人感受的傲慢態度，讓全家都吃不消。

某天晚上我決心要來好好提點一下，滅滅他的氣焰，沒想到小子兩手一擋，毫不客氣喝道：「不要進來喔，我沒時間。」老媽當場差點暴衝，但想想時間真的晚了，而我經過多年修練，這點按捺功夫倒還是有的。所以，我決定留待隔天上學前再來曉以大義。

隔天早晨，我放了舒緩輕柔的音樂。小子一面吃早餐，我便一面（自認溫和堅定地）提點：「每個人都會有壓力，但是隨著年齡增長，也要學著注意自己是否隨便就將情緒丟給別人，毫不節制？我希望你……」

我巴啦巴啦一番苦心，沒想到馬上遭來一雙凌厲白眼。小子憤怒地打破一早的祥和：「媽你真的很煩很煩欸，一早就在訓話，真的很吵、很討人厭。你可不可以閉嘴？我不想聽，你不要害我遲到……」說完，怒氣沖沖拎了書包、便當袋，掉頭就走，門碰地一聲關上，連再見都不說。

媽媽我當場五雷轟頂，跌坐餐椅良久說不出話。那尊嚴掃地、那愛心被踐踏的羞辱感，那天未光就奔起為孩子忙進忙出的被辜負感，一股腦湧上快把我淹沒。

我頭腦發脹、眼睛發熱、心臟發疼。瞬間，我也跳起，拎了鑰匙奪門而出。我穿過社區中庭，沒命地狂走，漫無目的地走，腦袋裡滿滿憤恨與詛咒。

好，老娘我下定決心，那就是：餓你個三天，看你知不知道怕？知不知道媽媽的好？

那怒氣像是一把刀在我身體裡鑽進又鑽出，讓我全身難安。有時候直逼得我想出手捏一下路經的大樹、踢一下紅磚、捶一下牆壁。我的步伐又急又亂，橫衝直撞。我又下了決心：

我要跟小子冷戰。

持續三天，不論小子怎麼喊我，我絕不回答。

一定要給他顏色瞧瞧，他才會怕。

我生氣地一直走、不停地走，就這樣不知道持續多久。奇妙的是，那怒氣似乎透過雙腳的力道不斷傾瀉流出，一點一點的，滿格的怒氣竟開始緩緩退潮，而亂哄哄的大腦也慢慢騰出一點點空隙。

走了約一兩個小時，我發現我的腳步慢了下來，腦袋裡的空間不斷擴展開來，心裡開始跳出一連串自我對話：

「我這樣嘔氣有用嗎？」

「逼孩子認錯，他就真的清楚自己的錯誤嗎？」

「我到底希望這件事情怎麼發展呢？」

「如果我希望事情朝著我要的結果發展，那我該怎麼做呢？」

「孩子讀書壓力這麼大，我真的完全了解嗎？他需要的是什麼？」

回到愛的原點，但不要繞回老路

我一路走著走著，不知不覺走到了菜市場，買了燉湯的排骨、山藥與蓮藕，揀了綠油油的蔬菜、新鮮的水果，又回到一個尋常的家庭主婦角色。

晚上，小子補完習，拖著沉重疲累的腳步回到家已將近十點半，我還氣他嗎？當然還是有氣。但是，我不放縱自己的氣。經過自我對話，我試著引導自己把不平放一邊。我告訴自己，如果繼續嘔氣與冷戰，那只會回到老路。我只想回到愛的原點，不想回到老路。

我問那表情漠然的小子：「天氣涼涼的，要不要喝一點熱湯？」

小子冷冷回答：「不用！」

我再問：「水果切好了，在桌上，吃一些補充維他命C吧。」

小子依舊死臉：「也不用！」

我要生氣嗎？何必！放縱自己生氣，只會讓心室肥大。我告訴自己，我需要的是心臟強大、心胸寬大。

我默默把湯收起，水果冰回冰箱，只說一句：「先洗澡，放鬆一下。」

這一天，情況沒有好轉，但也沒有惡化。

第二天，小子回家，我依然放下身段，做相同的事、問相同的話：「天氣冷，喝一點熱湯很舒服，要不要來一碗？」

小子沒回答，坐到餐桌前默默就喝了起來。

我接著說：「功課忙，需要補充維他命C，桌上的水果是給你的。」說完我便起身去洗澡。

等我回來，水果盤已不見。

晚上入睡前，小子來到我身邊說：「媽媽，對不起，我的考試很多，心情很緊張，態度不是很好。」

在愛裡面，輸才能贏，贏反而輸

才兩天，親子關係又回暖，而孩子有沒有所體悟?從他的道歉我當然清楚他有所反省。

生氣的時候，出去走一走吧！剛開始或許會像大象的腳步一般沉重吃力，但是，透過動覺，我們可以很快地透過肢體，把憤怒一點一滴發散出去。在走路的過程中，要引導自己自我對話，用智慧思考，怎麼做才能讓局面走到對的方向。

當頭腦恢復清晰時，要提醒並鼓勵自己：爸媽通常是那個擁有更高智慧、引導全局的關鍵人物，因此要盡力勉勵自己，回到愛的原點，但絕不要繞回老路。

在教養過程中，老困在相同情境裡兜圈子，結果就是永遠不會有轉機、有改變。停下來，選擇不同的路，才能從鬼打牆的泥淖中脫離出來；鈍化尖銳、軟化姿態，才能重啟對話，讓關係再靠近，才可能翻轉情境。

爸媽們，我們是硬不起來的啦。最先軟化的，通常不會是孩子。那不是因為我們軟弱，而是我們智慧與慈悲俱足。爸媽的恥度無極限，因為爸媽的愛無限度。

Q12 為什麼青少年是永遠的反對黨？

青少年的思辨能力正大幅度的躍進，或許顛覆傳統、漏洞百出，但也可能帶給大人耳目一新的刺激與突破性的正向轉變。

我的婆婆去年十一月往生，享年九十八歲。五代同堂的她，是母親，也是阿嬤、阿祖、阿太，告別式當天，子孫滿禮堂，特顯尊榮。參加完阿嬤的告別式，我以為孩子們一定會湧出許多從未有過的複雜感受，畢竟，這是孩子第一次經歷親密家人的生離死別，也是他們第一次參加告別式。

沒想到小子之一回到台北後跟我說，他並不習慣這樣的喪禮，特別不明白、也非常不喜歡主持人從頭到尾帶著哭腔的主持風格：「阿嬤和他又沒有關係，老實說，他的哭腔我覺得有一點虛假。」

乍聽聞小子評論「虛假」二字，我的第一反應有些惱怒，畢竟，以大人的眼光來看，這位主持人非常敬業地營造悼念的氛圍。據說，他可是禮儀界的紅牌，且人生閱歷豐富的大人對告別式都有既定的認知，一致滿意主持人稱職的表現。

接著，小子又毫不客氣提出第二個他覺得的可議之處。那就是公祭時，幾位民意代表的辦公室人員，穿著鮮明政黨色澤的背心來上香致意。兒子說：「告別式不是政治角力秀，其他人都是素裝前來，我不懂為什麼那些人一定要把別人的告別式搞得像自己在競選一樣，更何況，我們跟這些民代一點關係都沒有。媽，你覺得這樣真的真誠嗎？」

這又挑戰了大人的認知。婚喪喜慶誰不希望場面風光，有愈大的官來敬輓致意，就愈顯家世顯達，告別式更盛大圓滿。

我初聽孩子的想法真是頭上冒出好幾條線，覺得少不更事的孩子未免太自以為是。還在思索小子的邏輯有無道理時，小子又拋出最大震撼彈：「我還有一點不是很能認同，媽媽聽了可能會覺得我大逆不道，那就是，一路上，子孫要磕頭跪拜數十次。我願意誠心誠意向阿嬤行磕頭跪拜禮，但是我覺得好像沒有必要沿路不斷重複，空有形式，真的不如我們誠心誠意和阿嬤好好說說話、祝福她。」

是大唱反調惹人厭，也是打破框架讓人驚豔

我大三時，父親就過世了，當年我二十一歲，也算是青春期的尾聲。我記得當年父親的告別式上，主持人從頭到尾都用一種類似唸咒語的奇怪唱腔來主持，「三跪九叩」等繁文縟節也不知幾凡。當年的我，和現在眼前的小子也差不了幾歲，也是我生平首次參加喪禮，但是，我卻從未思考過「告別式該如何進行才具有真正的意義」，也從未質疑行之有年的「喪禮流程」有任何需要琢磨調整之處。

對於X世代或Y世代來說，我們從小被教導，也已經習慣了，大人說什麼就做什麼，小孩有耳無嘴、有眼無語，晚輩就是要順服與遵循長輩，沒有什麼好討論、更遑論質疑或反對。因此，在兒子對阿嬤告別式提出那麼多獨特思考的當下，我第一個念頭真的就是他自己說的那四個字「大逆不道」。天啊！現在的孩子都如此反骨嗎？

但我隱忍著沒有立即竄出口，因為當下除了「這就是行之有年的古禮與孝道展現的方式」這個理由之外，我似乎沒有其他可以好好說服小子的立論。看著兒子率真無偽的澄澈眼神，我想：「兒子認真思考他親身參與的重要典禮是否能有更具意義的做法，這樣有錯嗎？兒子坦誠無畏地把他認真思考過的想法告訴媽媽，這樣有錯嗎？難道我要兒子閉嘴了事，就一切OK了嗎？」

回想起三十二年前的我，為什麼我沒有思考過類似的問題呢？就算思考了，當年的我會有兒子般的勇氣，敢對大人表達我的觀點嗎？不，絕不可能。

幾個問題自我快問快答之後，我開始好奇孩子為什麼會有這麼多我根本沒想過的念頭，於是我反問小子：「所以，你覺得怎麼做比較好呢？」

反骨叛逆背後的思辨力

「我覺得真正認識阿嬤本人的親朋好友來就好，真誠和阿嬤告別；兒女孫子每個人都有機會好好和阿嬤說說話，要哭要笑都是出於真誠的自己，主持人只要負責流程就好。跪拜禮不在於多少次，出於真心的跪拜就好。」

聽完兒子的想法，我毫無反駁的理由。沒錯，阿嬤若有靈，比起主持人和民代，她一定更歡喜聽到子孫們的聲音吧。小子的每一個論點，並不是為反對而反對，不是反骨，不是叛逆，若用豐富寬廣的眼光來看待孩子的起心動念，他乃是出於對阿嬤真正的愛，未曾被框架的自然的愛。

我謝謝兒子毫無隱瞞地告訴我他的想法，不畏懼被媽媽痛斥一頓。如果他不認為我是一個可以理性討論或值得他信任的大人，我想，他根本不想費事坦誠以告；而如果兒子預期他所表達的只會換來責難，他絕對懶得惹麻煩。

此外，比起青少年時期對既定現狀從不懷疑、甚少思考、更不可能有勇氣表達意見的乖巧的我，兒子認真體察喪禮的流程、思考每個環節的合理性，再進一步思考怎麼做更好。這，不就是青少年思考力蛻變進化的過程嗎？在聆聽孩子大膽表達，甚或被認為是大放厥詞的當下，爸媽是否看到他們此時期最珍貴與最鮮明的成長印記呢？那就是，思辨能力正大幅度的躍進。

開始發展進階思考力的青少年，邏輯推理、抽象思考、反推反思、拆解隱喻等各種思考能力跳躍式的大幅提升，因此他們常會提出令大人瞠目結舌的想法。

比如在我看來，向阿嬤沿路磕頭就是孝順最極致的表現，但是他們劈頭就說完全沒必要，乍聽必會覺得小屁孩大膽忤逆、毫無純善之孝心。

但若大人願意打開耳朵，耐心聽聽他們為什麼這麼想，或許能發現他們所想表現的，才是出於真誠、有意義的孝心。與其形式上沿路不斷磕數十個頭，為什麼不誠心一拜之後，為阿嬤默禱、發自肺腑好好道別與祝福？這種打破大人既定思考框架的想法，確實很難讓人第一時間就接受，但也讓人無法否認他們並非信口開河胡說一通。

當孩子長成青少年，每天的所見所聞，都是他們進階思考力躍躍欲試的練習場。既然是思考的練習，就絕難保證都正確無誤、邏輯完整、面面俱到，反而十之八九都稀奇古怪、顛覆傳統甚或漏洞百出、不太成熟。但十之一二，能帶給大人耳目一新的刺激與突破性的正向轉變。

青少年送給爸媽的特別禮物──謙卑

我在組織心理學家歐里希《深度洞察力》一書中，讀到一個有趣的論點：

「家有青少年子女的領導人比較不會過於自信，因為爸媽知道，這個年齡層的人永遠不會為你所動，還會毫不猶豫地告訴你你有多麼不厲害。」

確實，隨著人生閱歷愈來愈豐富，我們內心都會慢慢種下根深柢固的定見，思考被各種框架所制約而毫不自知。人生走到四十而不惑的階段，堅固的自我才能掌控多變的局面，確保穩固的生存，但另一方面，也可能逐漸豢養出拆不掉的「固執自我」。

而我認為，認真傾聽青少年的爸媽，會在人生中途得到非常珍貴的禮物，那就是謙卑，這個禮物能夠破除爸媽強大的我執，但若是沒有懷抱寬廣的心、開放的思考、豐富的眼光、耐心傾聽他們理直氣壯、或理未必直氣卻非常壯的聲音，可能就收不到這個特別的禮物。也可以說，當我們老是視自己為不可被違逆的尊長，可能就會繼續走在「壯大我執之路」無法改道而行，這會造成可怕的危機——未來我們有可能會變成「六十而耳不順」的固執老人。

《深度洞察力》中提到：「和與你意見相左的人為伍，是領導成功的基石之一。」印證了我的想法。看來，爸媽永遠的反對黨——青少年，還是人類能不斷革新進步的最大動力呢。

當然，我希望兒子有思考力，不代表我容許兒子缺乏體貼大人的溫暖心意。我想讓他們延伸思考得更加完整：「兒子，聽完你的想法，我很欣賞你認真感受整個喪禮的流程，也認真思考更好的做法。」

兒子面露微笑，我知道他打開耳朵願意聽我說下去，於是我繼續表達：「但是，爸爸和其他長輩失去了母親，真的相當悲痛，操持喪禮很辛苦、很忙，他們沒有時間與心力來想更創新的做法。在他們既有的人生經驗裡，這絕對是他們最棒、最完善的規畫了。我想，你應該能夠理解這一點。我希望你能感受他們的用心和心情，並且感謝他們為阿嬤和全家族的付出。將來，你們當然可以有自己的想法與做法，絕對沒問題。」兒子微笑大力點頭。

當下，我得到了一個美妙的體悟：爸媽若是願意接受青少年拋過來的珍貴好禮，「開放胸懷、謙卑以對」，他們還會大方加碼回贈更棒的好禮：「願意學著體貼大人的辛苦」。但是，別忘了青少年是殘酷的，若是爸媽沒接到他們送的「謙卑」之禮，他們可是會回敬一顆炸彈喔。

第二部

親子暴衝 No. 1：手機電玩與網路

Q13 我用手機查資料又不是玩，為什麼禁止？

事實證明，數位科技或許能為學習加分，但絕對不是主因，在功能不彰的學校與家庭，數位科技變成災難的機會更大。

孩子讀書時到底可不可以用手機？談到這個話題，我就得再說一次——大腦掌管衝動控制與專注計畫思考的理性腦前額葉，平均二十五歲才會發展完成。因此，我堅決相信，讀書時能把手機擺在旁邊溫馨相伴、自己卻能高度專注的孩子絕無僅有，如果有，也必是體質特異的極少數高人。

所以，我一直都反對孩子做功課時使用手機。

「但是，孩子都說要查資料，不能不用手機，我沒辦法反駁啊！」每次演講場上一討論到手機的使用，家長一定會丟出這個狀況題。

我絕對相信，孩子在做作業或是報告時有需要使用手機。以我家孩子為例，上高中之後因為數學太難，光靠學校課程實難完全消化理解，於是跟著同學去補習。補習班的作業，每個題目都附帶 QR Code，只要不會，小子就拿出手機對準 QR Code，名師就像阿拉丁神燈一樣，隨時接受學生召喚，跳出來幫忙解圍。

將用功時間一分為二

一進入網路，就很難限制孩子是否只是去向名師求援了，因為時不時就有社群誘惑人心的叮噹叮噹聲，有好玩的影片等著幫忙紓解壓力，到底是不是敦請名師指導解題、查個資料查到哪個天涯海角，根本沒人知曉，無人掌控，往往造成家長的困惑。但孩子只要丟出一句「我就是需要查資料」，似乎就能合理化一邊做功課一邊用手機的行為。

我們相信講究自主學習能力的時代，孩子非常需要網路的資料與網上輔助課程，重點是：讀書做作業時，絕不可能從頭到尾都需要上網或使用手機。

建議爸媽跟孩子商量，把讀書寫功課時間區分成兩部分：第一部分是完全不需要網路或手機的時間，讓孩子專心的「手」寫作業，或透過紙本來研讀。

第二部分則允許孩子運用網路，好好跟孩子討論每天需要網路的時間，比如半小時或一個小時，視需要可酌予延長。如果孩子運用家用電腦即可完成作業，則優先考慮使用桌機；如果一定要透過手機，比如要掃描QR Code，或是透過特定社群來討論功課，最起碼的要求是，在公共空間使用。

網路與3C，從來就是一刀兩刃，對於掌控力不足的青少年，傷害的利刃很可能更大。

《關掉螢幕，拯救青春期大腦：頂尖成癮專家揭發數位科技破壞大腦功能的恐怖真相》一書裡，權威成癮專家兼醫學博士卡爾達拉斯（Nicholas Kardaras）舉出，在美國東西岸曾經推出的「一人一平板」教育政策宣告失敗。

這個政策不僅沒有提高學習效能，而且還是一場災難，因為這就是集體製造「藥癮者大腦」的開端，除了遊戲和社群，理性腦尚未鞏固的小孩在網路上會停在哪？誰都知道「數位糖果」永遠比「數位蔬菜」可口誘人。

事實證明，在功能健全以及教育成效卓越的學校，數位科技或許能加分，但絕對不是主因，「在功能不彰的學校與家庭，數位科技變成災難的機會可能大於正面效果。」

好老師與學生的互動和完善的教育策略，永遠是學習有好成果的關鍵。因為「當我們的眼睛對上別人的視線，兩個人的神經系統就會展開明顯而親密的接觸。」還有一個證據是，人類大腦難以處理螢幕的輻射光，這會影響到大腦的深度理解力，特別是尚在成長的兒少。

所以說，使用網路螢幕學習效果真的好？這絕對因人而異，更難下絕對的結論。至少，如今已經證實「一人一平板」不易成功。

Q14 防不勝防，乾脆給孩子智障型手機？

比起給孩子不能上網、他們根本不想用的手機，更好的策略其實是，在他們陷進虛擬世界之前，先鞏固好與真實世界的連結。

為了防堵孩子沉迷網路，有不少爸媽煞費苦心弄來傳統按鍵式手機給孩子，只要能撥接電話、掌握孩子下落即可。傳統按鍵機幾百元就能打發，又能防堵孩子上網，看似完美解決了爸媽的擔憂。不過，聽聽看大部分孩子的使用心得吧！

「這不叫手機，這是古董。」

「用了不只會被笑，應該會被霸凌。」

「正眼不瞧，指尖不碰，完全打入冷宮。」

一位家長直截了當「勸退」幫孩子復古的爸媽：「小孩不用，那等於沒手機！」

尋找完美手機

因此，在這裡奉勸爸媽們，假如你認為這招足以應付孩子想要手機的要求，最好在購買前先跟孩子好好討論一下，否則古老的折疊機很可能「永遠折疊、暗無天日」。

Nokia 為了因應期盼返回簡約生活的既有市場，推出造型相當新潮的香蕉機，微彎的機身，清麗的鵝黃色，倒也魅惑了不少追求時尚的青少年，特別是少女。但實際走訪學生市場發現，這款手機或許還能騙騙國中生，高中生幾乎是不買單的。他們普遍認為香蕉機是個美麗的謊言，不能好好上網，一切都是空。

還有一種可以撥接電話、定位追蹤，造型又吸睛的「米兔手錶」。在此手錶上可以直接設定的項目很有限，比較進階的功能必須透過另一隻手機，也就是由爸媽的手機來下載米兔手錶的 App 與設定功能，例如：定位住家與學校的位置、顯示通話對象與時間、設定自動接聽、簡訊與通話的白名單、設定上課防止打擾的時間等等，當然也可以進一步設定 Wi-Fi 的連接。

聽起來超級完美吧？確實，這對中低年級的小朋友算是一百分的選擇。但孩子進入國中之後，其卡哇伊造型反成了青少年恥笑的關鍵原因。小屁孩裝大人都來不及了，誰願意被笑幼稚不長進呢？

也有爸媽抱持著一種信念：手機就像「類毒品」，能不給就不給，能晚給就晚給。爸媽們問我的想法為何？我斬釘截鐵贊成這個做法。因為我所見過的每一個孩子，不論活潑或安靜、個性鮮明或溫順，只要有了手機，整個世界與生活必然變色，無網路不安，無手機不歡，沒有例外。

別讓手機成為孩子的全世界

因之，對於自家三個孩子，我堅持他們上了高中才給予手機，我並非唾棄科技，而是希望他們在陷進無法回頭的虛擬世界之前，能有足夠時間與機會，先鞏固好與真實世界的連結；在心智柔軟尚能被塑造的階段，能及早挖掘到虛擬世界裡無可取代的樂趣。也就是希望他們不要還來不及好好認識大千世界的可愛、可親、奇妙與豐富，就已像水蛭一般，一動也不動地吸附在螢幕前，動彈不得。

某天，我從中部北上，一上高鐵，就看到鄰座放個娃娃手推車，坐在裡面的小女孩約莫兩三歲，嘴上含著奶嘴，無法言語；小小手上卡著一方小螢幕，目不轉睛；旁邊的兩位大人時而聊天，時而小憩，幾乎和寶寶沒有任何互動，更別說是相視對談。

我不想當惹人厭的正義魔人，當下也很想為兩個大人找出非這麼做的理由，但我真心百思不得其解。我心疼著眼前一雙清亮的眼睛怎不顧一切、只肯緊盯幾吋平方的跳動畫面呢？不算短的路程，兩個大人怎不抱起她，讓她看看時而飛過的綠田、川溪與水塘呢？或偶爾把她高舉起來，讓她遠眺天際線的無窮變化，那忽而隆起的小山與丘陵、或快速流動的建築物線條，高低遠近皆成趣啊。即使是停站，一幅幅巨大又鮮麗的看板與川流不息的旅客，也都充滿值得觀察的亮點。

這種種，不都是來到這世間沒幾年的小小孩，出於本能會投注好奇眼光，頻頻向大人發問的絕佳題材嗎？腦海裡亮起了家裡三隻小子在相仿年紀時坐火車的畫面：興奮的小臉、驚奇的眼光、問不完的問題，甚至把火車當成巨大的英雄，總要停下來仰望它們奔馳的英姿，虔敬地和一節節火車說再見的單純可愛。眼前這個小小孩卻出奇安靜、一動也不動，但她的大拇指與食指滑動之靈活，著實令我詫異。

列車停了，兩個大人把手機從小女孩手中抽走，她立馬嚎啕大哭。大人很無奈，只好又把手機塞回小手。顯然，這小手是雙「老手」，早已不願抬頭看看多采的曼妙世界，也早就熟悉了控制大人的手段。

抽走三歲小小孩的手機，她就哭天搶地，那沒收十五歲青少年的手機，孩子便尋死跳樓，也就不足為怪了。因為道理都相同，對他們來說——手機不見了，整個世界也消失了。相反的，若三歲孩子在成長路上，能夠好好體驗、享受觀察與探索的樂趣，累積豐富而真實的感官與情感印記，那十五歲孩子的大腦，又怎麼可能只被一方小螢幕所滿足？

我能從自家孩子身上得到印證，三小子在青春期都有3C之外自己的「快樂小宇宙」，一個喜歡用媒材創作，一個忘情在大自然裡探索生態，一個鑽研電影。若這些興趣與手機只能二選一，我想他們應該寧願不玩手機。

高中才給手機，國中沒玩到的加倍奉還？

問題來了，高中才開始使用手機的青少年，真的沒有過度使用的問題嗎？我必須說，手機恍若魅力四射的曼妙女郎，沒人擋得了她的魅惑。小子們從小學到國中，眼巴巴看著同學們滑手機多年，一拿到手機，當然彷彿飛蛾撲火，整個人就像陷入熱戀期，一刻都不想離手。

我觀察過非常多的孩子，不論在小學、國中、高中或是大學，任何時期，只要一拿到手機，都會進入相同的「瘋狂迷戀期」。

早一點給孩子手機有其優勢，也就是愈早學習與手機的相處之道。他們愈早開始經歷與手機的難分難捨、瘋狂著迷，然後有一天可能會頓悟到自己的墮落，於是想要自我管理。經歷無數自控與失控、自責與自勵的掙扎，終於讓自己的虛擬世界與真實世界達到平衡。

上述這還是比較好的發展，為數不少的孩子，是愈小開始接觸手機，變成愈離不開手機。為什麼呢？因為他們錯過了與真實世界連結的關鍵階段，因此，沒了手機，完全不知道自己還能做什麼。

年紀大一點才接觸手機，不代表他們就愈懂得自我控制，每個孩子在剛開始接觸手機的第一時間，絕對都需要外在的規範來幫助他們自律。沒有任何孩子能躲過手機的魅惑，我家三個小子在高中一拿到手機，也都意亂情迷，無一倖免，幾乎可說是「國中沒玩到的，加倍奉還」。

不過藉由適當的約定與堅定的管理，在一段激情過後，小子們還是很習慣回到「元配」，也就是他們從小投入的興趣懷抱中。這是我認為晚接觸手機的最大優勢——有機會在3C世界之外投資興趣資產，這個資產永遠不會消失，永遠會向孩子招手，他們也永遠戀戀難忘。

Q15 3C使用規則都訂好了，卻永遠討價還價？

訂好的規則就該堅持執行，可以放鬆一、兩次，三次就是放縱。要是爸媽總是軟弱退讓，還有誰能幫孩子養成良好習慣呢？

爸媽以為和孩子訂定好遊戲規則就可以高枕無憂嗎？太多爸媽都無奈地表示：「唉呀，規則是訂假的啦，根本沒用。」

規則形同虛設，這很可能是事實。只要時間一到，全世界孩子的「正常反應」都一樣，他們一定都會說出這句話：「等一下！」請問，有哪次孩子會因為你的提醒就立馬關機呢？更別提自動自發這種大人不切實際的奢望。

做為一個有彈性的家長，我當然會給予孩子「等一下」的空間，甚至還給他們「等兩下」的機會，但絕對不會「等三下」。也就是，我會延長個五分鐘、十分鐘，這是在合情合理的彈性範圍之內。倘若孩子繼續跟我「盧」，那就是得寸進尺了，我絕對馬上進入「敬酒不吃吃罰酒」模式，板起臉、直接採取行動。

當然，在此之前，我還是會先反問：「你記得我們的約定吧？如果不關機，就要接受後果喔！」孩子想到隔天可能會被取消使用權利，當然就會乖乖「自行了斷」。

「可是孩子給我臭臉，然後講一堆什麼他是真的有需要使用、在處理很重要的事情、實在沒辦法停……之類的，然後就開始重砲攻擊我不講理。」有家長跟我抱怨。

我回答：「我家孩子也一樣。但是，彼此訂定好的規則就該堅持執行，更何況已經延長過使用時間了。可以放鬆一次、放行兩次，但三次，就變成放縱了，從此，孩子養成慣性，就更不尊重約定了。」

「但彼此會搞得很不愉快啊！」

「我們家也會在這些點上搞得不愉快，要是爸媽總是因為害怕不愉快而內疚、軟弱甚至退讓，那麼誰還能幫助孩子養成使用3C的良好習慣呢？」

先同理再肯定，正向增強合作意願

對於這種紛爭點，爸媽雖然不需要抱著必死的決心，但是絕對要抱著「絕不可能當好人」的信念。然而，怎麼樣降低孩子的重砲反擊呢？

任何人在失望與不滿足的時候，都會希望別人能站在他的處境來體諒，沒辦法如願繼續使用3C的孩子也一樣。爸媽不妨這麼跟孩子說：「我知道你現在心裡很不舒服，不過這是之前我們約定好的，我非常謝謝你無論如何都願意遵守約定。」先同理再肯定，有助梳理孩子的遺憾情緒，更能正向增強他們與爸媽合作的意願。

即使每次關機之前都要經歷一來一往煩死人的討價還價過程，但若最後孩子關了機，我們就要不斷給予正向的增強，讓他有機會察覺到自己的「自我控制力」；同時，為了提高他更強的自控動機，我們必須引導孩子非常明確地意識到「自我效能感」。

以下這個問題，可以讓孩子對自我管理有更強的信心與意願：「你自己覺得每天按照約定來使用手機和網路，有沒有什麼好處呢？你有沒有感覺自己的生活更有效率而且更輕鬆了呢？」

引導孩子思考這個問題，能非常有效地讓孩子在腦海裡勾勒出鮮明的意念：「我已經有能力管理好自己，妥當使用3C，因此能過好規律的生活、有效率地讀書。」

當孩子逐漸能建構這種自我效能感，就很可能發展出「自我提醒、自行關機」這樣高層次的自我管理能力，也就是進入「罰酒不愛吃，只想吃敬酒」的境界。

如果有這麼一天，你發現孩子沒有你的提醒，就能自己關機、斷網，就要把握住這「千載難逢」的大好機會，好好奉上一頂「超級豪華高帽子」。你一定要像貼紅榜一樣浮誇、高調：「寶貝，我覺得你的自我控制力愈來愈好了，真沒想到你不需要我的提醒，就能主動關機！」

這個結論一旦被清楚標示，孩子的好行為便可像敷上一層水泥般被定型，將更強固堅定地朝向自我管理的方向大步前進。

Q16 給孩子網路吃到飽，爸媽氣到飽？

讓具體的數據說話，孩子放學後有多少上網時間？
不給吃到飽，那要給多少流量才合理？算給孩子聽吧。

孩子如果要求網路吃到飽，怎麼辦？只有以下三種情形，我個人不反對爸媽容許孩子上網吃到飽：

• 你能確實做到眼不見為淨，完全不在乎孩子是不是走路滑、坐車滑、吃飯滑、讀書滑、睡前滑，甚至半夜起來上個廁所也要滑。但是，你的孩子就是你的孩子啊（我在前一本書有說過，能完全參透「你的孩子不是你的孩子」此玄理者幾稀矣！），天下父母恐怕是很難不看、不擔憂的（這好像才是正常的父母）。

• 孩子已經上大學，特別是已年滿二十歲，必須為自己的行為負起全責，爸媽確實就要把他們當成獨立大人來看待，不然你打算盯到幾歲？

• 徹底觀察並確定孩子擁有極佳的自我掌控力與紀律，親子訂定雙方都同意且能有效管理的使用規則。別懷疑，這樣的孩子確實存在，他們天生具備高度自我要求的人格特質，同時也已經養成了好習慣。

不過，不要太快認定自己生的就是這麼不可多得的「老靈魂」，爸媽最好再三觀察、與孩子反覆討論，並確認孩子至少半年穩定的使用紀錄，才予以開放。

若非上述三種情形，爸媽輕易讓十八歲以下的孩子網路吃到飽，你就準備好永無寧日氣到飽吧！我來問兩個問題：

• 白天上學，回家還要補習、寫作業的孩子，每天有多少時間可以上網？

• 網路非得吃到飽，才能滿足他們在網路上學習、社交與娛樂的需求嗎？

上網與其他日常的優先順序

《網路失控》一書作者麥可林（Susan McLean），是澳洲國家安全網路中心主任，也是母親。她建議在生活計畫表上首先輸入孩子「非網路的各項活動」，如上課、運動、不插電的娛樂、做家事等，剩下時間再留給上網娛樂與社交。絕對不是先決定孩子每天可以上網的時間，剩下再來討論做功課、練習才藝、運動、做家事的時間。

這讓我想到一個時間運用比喻，要在一個瓶子中裝進大石頭、小石頭、細沙和水，要先放大石頭、小石頭、細沙還是水？

若是先放小石頭、細沙，或是先倒水進去，那麼大石頭就放不進去了；如果先放大石頭，放滿了還有空間可以放小石頭、細沙，連水都有空隙流得進去。上網打電動玩社群，絕對不是大石頭吧？當然不用先放。

如果你也這樣排定孩子的時間表，將可具體看到，孩子放學後能上網的時間根本不多，而白天在學校要上課、放學不是走路就是坐車，爸媽絕不期望他們老是機不離手。

所以，結論就很明顯了——十八歲以下的孩子真的沒有吃到飽的絕對需求，恐怕連我們大人也不見得都需要。

不給吃到飽，那要給多少流量才合理？算給孩子聽，他們就會心服口服。

首先，基本中的最基本，我們必須先搞懂網路流量單位（這個新的度量單位重要性絕不亞於長寬高）：

1GB = 1024 MB

1MB = 1024 KB

1 KB = 1024 bytes

讓數據說話

根據網站「手機王」裡一篇〈1GB可用多久？搞懂4G網路流量數字所代表的意義〉專題企劃的實測結果，我們可以大概了解傳輸文字、圖像、聲音、影片需要的基本流量。

- **傳輸文字：**如果在 LINE 上連續發送五個中文字十次，只用掉 5.4KB。這樣換算下來：

→ 1GB 的流量，可以重複這個動作將近二十萬次，發出近一千萬字

臉書耗量會比較多，純瀏覽動態時報，沒有任何點擊動作五分鐘，網路流量使用為 9.8MB。這樣換算下來：

→ 1GB 大約可以純瀏覽臉書的動態八小時

- **傳輸圖片：**若傳送原圖 3.5MB 的照片，以普通畫質經過 LINE 壓縮之後，則減為 50.3KB 而已。這樣換算下來：

→ 1GB 的流量，大約可以傳送兩萬張照片

- **聽音樂：**以 Apple Music 為例，若是以「最高音質」連續播放三十分鐘音樂，使用的流量是 45.4MB。這樣換算下來：

→ 1GB 大約可連續聽十一小時的 Apple Music

- **追劇：**這要視所觀看影片的畫質來決定消耗的流量。若以愛奇藝 App 的畫質為例，播放一集長度約五十分鐘的連續劇，網路流量約為 175MB。這樣換算下來：

  ↓ 1GB 大約可觀看六集連續劇

- **看 YouTube：**若是以 YouTube App 來觀看長度約三分半鐘的ＭＶ，大約畫值在 720P，使用的網路流量約 64.1MB。這樣換算下來：

  ↓ 1GB 大約可以觀看十六支長約三分半鐘的 YouTube 影片

分析完畢。如果扣除家裡有 Wi-Fi 可用，扣除在學校上課或補習的時間，各位爸媽，你是否覺得 1~2GB 已經算是很合理，甚至還稱得上慷慨的流量了呢？

吃到飽，真的有需要嗎？

Q17 為什麼別人家小孩打電動不會成癮？

爸媽不能只想要把孩子從電玩上拉走，
更重要的是，你要把孩子拉到哪兒呢？

大部分爸媽都不喜歡孩子玩電玩，老實說，我也是對電玩嗤之以鼻型的父母，因之，從我家三小子還小，便大量引導他們上山下海、倘佯於以五感來認識世界、體會世界、享受世界的「實體學習兼娛樂生活」中。

至今，孩子都進入青春期，我真的如願收割了豐碩果實，那就是三小子在成長路上都不曾被電玩耽誤大好時光，並各自發展出電玩以外的鮮明志趣，令許多好友相當欽羨。

被「電玩冷感」耽誤了社交？

沒想到，就在不少朋友對自家孩子沉迷電玩而大傷腦筋時，我卻面臨了相反的遺憾。因為，我觀察到小子們進入青春期後，失去不少透過電玩以豐富「社交生活」的機會。甚至因為小子們各自的興趣都鮮明又特殊，有電影控、有兩棲爬蟲動物控，這些領域都少有同儕共鳴，因此，他們雖自得其樂，卻孤獨地陷在自己的小星球裡，這更加重了順勢發展出來的「電玩冷感症」。所幸小子們個性都不錯，還是結交了不少麻吉。

然而，這個年紀的男孩幾乎都愛電玩，時不時就會約在線上集合，特別是週末或假期，就像大人約牌搭一般，成為固定班底，這樣在線上並肩作戰兼「喇賽」，就變成牢不可破的死黨。若是沒了這一層，好友之間就少了哥兒們的同氣味。

現今的孩子，特別是男孩，多半都需要這樣的虛擬場域以滿足與同儕緊密連結的需求；女孩則駐足社群平台裡和閨密聊八卦、談心事。

所以，玩電玩到底有沒有好處？值不值得鼓勵？光是滿足青少年最重要的需求——同儕歸屬感，就是宇宙無敵厲害的好處。

此外，我還觀察到一個挺特別的現象，那就是小子們有不少數理特強的同學都很喜歡打電玩（但是，愛打電玩，數理未必一定強），特別是喜歡需要推理運用策略的遊戲。當然，這只是我個人的小小觀察，沒有驗證，絕不能當成結論，不過，這讓我特別想要了解，打電玩到底能不能提升一個人的腦力。

用電玩特訓大腦的好處和代價

我看了很多文獻，比如在《青春期的腦內風暴》這本書裡，腦神經學家詹森博士（Frances E. Jensen, MD）就舉出了打電玩除了建立歸屬感，還有以下好處：

- 增進視覺辨認與追蹤能力
- 提升視覺細節的注意能力
- 提升環境辨識能力
- 促進心像旋轉能力（能透過想像來建構物品的立體呈現，能想像物體旋轉後的立體呈現）

‧資訊處理速度變快
‧手眼協調佳、反應快

但是，要得到以上好處，也必須付出一些代價，打太多電玩的代價是：

‧在現實生活中與人產生實質連結的欲望低落
‧在現實人際中察言觀色的能力低落
‧辨識自己與他人情緒的能力低落
‧在現實生活中與人溝通的語言及非語言能力低落
‧同理心降低

如果已到成癮的地步，則可能會產生心理及精神上的問題，如：

‧注意力不足過動
‧思覺失調

・自閉傾向
・區辨現實的能力降低

不過，爸媽總是會災難式懷疑自家小孩已電玩成癮。醫界與學界對網路遊戲成癮的判斷標準其實是相當嚴謹的，核心的考量點是「失控造成生活失能」，而不只是「花太多時間在遊戲上」。請注意有以下狀況者，才可以判斷為成癮症：

・失控：無可自拔，為了打電玩可犧牲其他活動，總以打電玩為優先考慮
・日常生活功能已受影響，如睡眠、學習、工作
・明確知道有負面影響，仍然無法停止
・持續一年的狀態

小心高濃度多巴胺上癮

人類大腦有一種酬賞物質——多巴胺，當我們吃東西或性愛，或從事任何讓

人快樂的事情時，就會產生多巴胺，讓我們感覺無比的美妙興奮。但這些都是透過自然途徑，刺激的頻率也正常，沒有任何人需要持續不斷接受多巴胺刺激，也絕對沒有人受得了。

當打電動的回饋或是往返不止的社交訊息沒日沒夜地大量湧入，大腦就會被迫一直處在高度興奮之中。但人類尚未發展出抵擋多巴胺攻勢的機制，所以就形成不斷被勾引以維持高濃度多巴胺的上癮行為。《青春期的腦內風暴》書中將之稱為「多巴胺搔癢」。

根據這本書提供的數據，吃東西可以提高多巴胺濃度百分之五十，性愛可以提高百分之百，吸食古柯鹼提高百分之三百五十，冰毒則是百分之一千二，那麼電玩呢？其程度竟然和性愛相當。試問，孩子怎可能受得了長時間每分每秒高密度的虛擬高潮呢？

至於，暴力電玩到底會不會造成暴力行為呢？書中追蹤了好幾個因為嚴重沉迷於暴力電玩而變成殺人犯的少年，最恐怖的一起案件，或許大家還有印象，那就是發生在二〇一二年桑　胡克小學，造成二十八人死亡的槍擊案。

凶手藍札當時二十歲，闖下大禍之後瞪大了眼睛，但他眼裡卻看不到邪惡的成分，只有局促和迷茫。報告顯示，他已沉迷在射擊暴力電玩非常多年，對大規模殺人相當執迷。出事當天，他很可能只是在精神錯亂的狀況下，演出自己內心幻想的一場射擊電玩。

多起凶殺案主角嚴重沉迷於第一人稱、真實感極強的殺人射擊電玩，彷彿長時間高密集進行狙擊殺人技巧的特訓，已形塑成一套迅速熟練的單一反應模式。

完美風暴，才可能製造電玩精神病

即使這樣極端的電玩精神病患人數增加，但在比例上仍屬罕見，然而，詹森博士等專家已相當確定，暴力電玩和暴力思想行為有非常顯著的關聯性。然而，要造成電玩精神病，還要有其他先天與後天環境的因素交互影響，才會形成沉迷電玩無可自拔的「完美風暴」。這些因素融合了：

- 脆弱不容易克制自我的性格
- 功能失調、缺乏愛的家庭

- 縱容與管教不當的父母
- 現實中不被接納的人際處境
- 現實生活中低成就感、無目標感
- 沒有其他可以發展的興趣

在這個人主義當道、宅世代、變動快速、競爭激烈、獨尊科技、暴力色情尺度相當寬鬆的時代，這樣的風暴已愈來愈容易形成，如果想要破壞這個風暴結構，唯有從源頭各個擊破每一個因子。

除了智慧引導、堅定介入、勇敢管教之外，如果沒有解決深層的問題，如人際的孤立感、缺乏同儕歸屬感、現實生活中缺乏目標、沒有成就感，那絕對不可能徹底解決成癮的問題。

孩子為何對電玩如此專情不二？因為除了遊戲，他們不知道還有哪些活動的有趣程度可與電玩比擬。所以爸媽不能只想要把孩子從電玩上拉走，更重要的是，你要把孩子拉到哪兒呢？如果電玩是孩子的最愛，那麼只有努力打造更吸引孩子的「程咬金」，才能讓孩子跳脫電玩的誘惑。

以下是可考慮的「替代性活動」：

- 找到短時間可獲得成就感的活動，比如桌遊、烹飪、手作設計、模型製作、程式設計
- 嘗試以前曾經發展過的興趣或參加社團
- 多帶去戶外活動（最好與青少年事先約定）
- 做同儕都喜歡的其他活動，如打球、看球賽
- 飼養寵物

家有數位成癮的孩子，以下是爸媽絕對要把握的重點：

- 最忌諱斷然禁止、全面停玩
- 忌諱批評孩子從電玩得到的成就與滿足感，青少年是愈批判愈反彈的生物
- 不要再用增加遊戲時間與設備做為獎勵手段，因為這彷彿供應吸毒者更多更強的毒品，只會讓他們愈陷愈深

若孩子已嚴重成癮，爸媽則可參考《青春期的腦內風暴》提出的兩階段數位解毒法：

- 第一階段：必須用四到六週的時間漸進式減少接觸的時間，直到完全杜絕
- 第二階段：再用更豐富、更有趣的真實世界與活動來固化大腦的穩定度，至少讓數位世界整個從生活中再消失四到六週，才有機會成功解毒

不論是沉迷於電玩或是社群，都適用上述的漸進式解毒法。

Q18 打電玩打到出國比賽，你還說孩子不務正業？

電競，不只要磨技術，更要磨溝通協調能力、磨個性。光是很愛打電動、很會打電動，是不夠的。

不少在線上遊戲叱吒風雲的青少年自我感覺非常良好，於是下定決心要走電競之路，天天都能毫無顧忌打電玩，還能賺錢，這條路何等誘人？更何況我國早已將電競納入運動產業，各學校也紛紛規劃電競專班，連大學也陸續開設電競科系或學程，目前已經有超過六十所學校和「中華民國電子競技運動協會」簽訂了產學合作，少子化的時代，學校大力招生搶才。

電競早就擺脫汙名，即使現今大多數的爸媽還是千萬個不放心、不支持，但也逐漸跟上時代的腳步。開明的爸媽看到只對電玩痴迷的孩子，也逐漸願意換個新腦袋，不再鄙視為不務正業、沒出息。

即便電競已被正名，父母也改觀了，瘋狂愛上打電動的孩子，就一定能順利走上電競之路嗎？

電競之路比考台大還難

為了解年輕人何以從事電競事業以及此行的甘苦，我特別訪問了一位從學生時期就瘋狂迷上電競，花費大量時間心血練習，並曾打入國際賽的高手 Vocal。他回覆我的第一句話是：「太困難了，想要出頭天，比考台大還難！幾十萬個玩家，淘汰到最後，可能只有幾十個人有機會參加像樣的比賽，絕不是覺得自己很愛打電動、很會打電動，就能脫穎而出、出國比賽。」

Vocal 回想當年在大學時瘋狂愛上電玩，白天蹺課打、晚上熬夜打，成績滿江紅。要不是住校，天高皇帝遠，爸媽管不到，Vocal 覺得自己可能不敢如此率性而為。「我雄心勃勃，給自己目標，持續參加線上比賽，從榜上無名不斷晉級，最後小有名氣，終於被電競公司網羅。」

回想起受訓的過程，Vocal 覺得煎熬的程度完全不輸給任何運動比賽，也絕對比考大學還傷神，因為有的隊員要上班、有的要上學，所以只有晚上才能聚在一起練習。練完都已是深夜，還要繼續熬夜檢討、擬定戰略，每天都搞到三更半夜，徹夜未眠已是常態。週末也不得休息，因為週五到週日都要住在公司練習，老闆會不斷督促、鞭策、檢討，然後練習再練習。

Vocal 回憶：「我有長達半年沒有任何休假，青少年除非有很強烈的企圖心想闖出一番天地，否則我覺得沒多少人忍受得了這樣高壓的訓練過程，更何況要犧牲學業及其他任何娛樂。當年沒有電競科系，參加電競的學生很多都得輟學才有辦法參賽。」

很多年輕人覺得自己很厲害，但電競其實和運動一樣高度重視團隊合作，只有自己厲害是沒用的。一隊五個人，如果隊友不強，一下子就被淘汰了；如果隊友強，但彼此個性不合、溝通不良，常常爭吵，也不可能長期合作、培養默契。

此外，每個隊友的目標也要一致，有些人技術雖強，但只想在自己的天地裡玩一玩就好，並不想變成職業，當他們發現練習會占據大半的生活，就會放棄。「締造優質隊伍，真的是千載難逢，不只要磨技術，更要磨溝通協調能力、磨個性。天時、地利、人和，才可能創造一支優質隊伍。」

電玩打到吐，少年仔自己對電競說No

Vocal一位好友的高中生兒子阿彰也瘋迷電玩，因為常常熬夜打電動荒廢了學業，讓這位朋友傷透腦筋。但阿彰卻聲稱他就是想效法爸爸的朋友Vocal，且不斷向爸爸抱怨，為什麼Vocal可以選擇走這一行，而爸爸卻不看好、不支持自己孩子的夢想呢?這位朋友只好請Vocal親自來調教兒子。

Vocal說，他並不是唱衰阿彰，但以他所體驗過的種種辛苦，以及嶄露頭角的漫長歷程，他心裡非常清楚阿彰的程度還差得很遠，「因為現在喜歡電玩的孩子愈來愈多，以阿彰的技術水準隨便抓就是一大把，根本連邊都搆不上。」

不過，因為他是過來人，清楚青少年在熱頭上的那股嚮往與衝動，根本無人能擋。而且是愈阻止，鬥志愈強，所以他順著阿彰，鼓勵他嘗試看看。

「我從來不數落阿彰的技術差，反而要先找到他的優勢。因為我很清楚，如果我從負面切入，絕對會把他從我身邊趕跑。我要讓他感覺到我和他是同一國的，我是支持他的好夥伴，這樣，他才會願意跟從我的帶領、分析與引導。」

當阿彰信任 Vocal 之後，Vocal 就來玩真的，變身鐵血教練，給阿彰設定了基本目標，比如每天練習多少時間，並且設定在線上比賽的排名目標。僅是這一步，就必須抱以非常大的毅力才能達成。阿彰一開始雄心萬丈，投入之後才發現整個生活都被電競占得滿滿，不但排擠掉其他活動，努力了大半天，排名也未見起色；更實際體會到，這樣日復一日耗在電玩上的日子，實在不怎麼有趣。不待 Vocal 開口，阿彰就心生放棄的念頭。

Vocal 也找機會把這個行業光鮮的一面，以及發展的局限，全攤開來和阿彰一一解說，讓他在選擇前，透澈了解這個行業。

「我跟他說，我當年都已經打到世界十六強，但台灣的電競市場小，人才供過於求，我的『薪情』並未看漲。再來，在台灣，老手很強，所以新手的機會不多，除非非常厲害，否則多半埋沒在泛泛之輩中。另外，這個行業變化太快，項目一直改變，必須一直嘗試新的遊戲，要不斷歸零再重來，隨著年紀增長，會覺得疲憊。」

「我對阿彰的想法從不批判、不禁止。事實上，不只阿彰，很多網路上的青少年若是來跟我請教，我也不會一開始就潑他們冷水。他們想嘗試，我就誠心給予建議，並且找機會分析行業前景，好的、壞的，我全攤開來給他們看。

「高中的孩子也有思考能力了，他們發現自己沒辦法忍受高密度打電動的生活模式，同時也看到這個行業在台灣的發展性，沒想到，很多青少年自己開口說決定不要走電競這條路，也有不少青少年主動拾起書本。就像阿彰，他現在很清楚，電玩是他的興趣，不是職業選項，自己甘願了，才更懂得分配時間。」

爸媽擋不了，就鼓勵與祝福吧！

當年 Vocal 打到巔峰，維持了一陣子之後，便開始轉換角色。他曾退居幕後做執行八年，負責舉辦各種電競活動。曾擁有廣大粉絲、被電競公司捧為明星、備受禮遇的他，反轉角色去伺候新秀，他坦承這一步需要心理調適。不過，每一步都不會白走，也都埋藏著機會。他因緣際會發掘出另一個才能。因為他的形象好、口條好，又具備專業知識，因此常被公司拱出來當解說員。

除了解說員，他也曾在科技公司當電競產品網路行銷。因為熟稔產業，又會拍攝製作影片，所以如魚得水。後來因為興趣的考慮，Vocal 還是選擇當專業的電競解說員。他在這個領域很久，累積了不少人脈，因此一步步走上專業電競解說員之路。他目前是中國騰訊旗下的解說員，長年在上海工作，待遇也很滿意。

「我從打電動、當選手，到當專業解說員，都是順著自己的興趣、自己的心。當然，我也感謝上天給我很好的機運。我媽媽不曾反對我，讓我有放手一搏的機會，真的很感謝。」

我問 Vocal，如果再一次選擇，要不要再走電競之路？他的回答很有意思：「這是假議題，因為對每個嚮往電競之路的年輕人來說，他們不可能被阻擋。你只有放手讓他去試，一百個人之中，可能有九十個還沒嶄露頭角就投降了。如果回到當年，不是我要不要再重新選擇，而是我不可能被阻擋。」

「我鼓勵爸媽一開始不要先否定，否則青少年一定會和爸媽敵對。即使沒認真考慮走電競之路，都可能被刺激到為反對爸媽而出征。爸媽不妨自己來了解看看，從陪伴中觀察孩子到底是不是真的有天分、能不能堅持。大多數的孩子都不待爸媽勸阻，就知難而退了。」

「但是因此而耽誤學業了呢？」

「說實在，我必須跟父母說，有時，那是躲不掉的必要成本。因為他們當下就是聽不進去，只有自己親自走一趟，你也必須讓他們親自走走看。爸爸媽媽可能必須耐著性子陪伴他們修完這門功課。如果孩子真的有天分、有企圖心，又打出了成績，爸媽更阻止不了，那就給他資源、激勵他、祝福他，那就是他的天命所在。」

Q19 凡刪掉就不留痕跡，凡匿名就不被肉搜？

還沒長出長期設想能力的青少年，絕對需要學會不讓「現在的自己」去傷害「未來的自己」。

人到中年，身邊好友不少都晉升到中級以上主管的位子，常和我聊起主管經，有一次談到面試新人這個主題。

老友L說，曾經面談一個非常優秀的年輕人當業務助理，從態度、儀表、談吐，甚至學歷，無一不讓他頻頻點頭，他給這個年輕人打了超高分數。因為好奇，就上網Google了這個人，沒想到一看他臉書，立刻驚呆。

此人時不時就有情緒性的貼文，用字極度尖銳，好幾篇文章都來來回回長篇大論與人激烈筆戰，遣詞用字相當惡毒粗俗，簡直是判若兩人。老友L看後立即打消錄用他的念頭，因為以他的判斷，這名年輕人只是在短暫面試時間刻意隱藏火爆的本性。以業務來說，圓融機巧的個性絕對是首要考量，若真錄用了此人，不免擔心他將來會壞事。

澳洲網路安全中心主任麥可林在《網路失控》一書中，提到一個八年級女孩的例子。她去面試一項非常優渥的音樂獎學金，第一階段她以出眾的才華輕鬆過關，晉級到下一階段的面試。但在面試之前，主考官告訴她：「下次來之前，請先上網搜尋你自己，把網路上所有跟你相關的搜尋結果印出來，並帶過來。我們也會做相同的事，而且，我們預期兩份結果會相同。」

一個十四歲的孩子有多成熟？在網路上可能從不出錯嗎？但是她已經必須承擔青澀生命走過的所有數位足跡。

待我們的孩子大學畢業要去應徵工作時，如何保證他們的成長之路在數位國度不會被搜出莽撞與破綻？

我用這些血淋淋的案例告誡小子們：凡走過，必留下痕跡。維護、甚至經營自己的網路形象，從不嫌晚。

現實與虛擬世界的行為落差

小子立即反駁：「誰能保證永遠溫良恭儉讓呢？每個人都會有情緒，每個人都有表達意見的自由，誰能永遠憋住不發表呢？若是不妥，那就快快刪掉，要不然匿名也查不出來。」

然而，成立「養育數位原住民」工作坊的美國媒體科技與社會學博士海特納（Devorah Heitner），在著作《什麼時候可以給孩子買手機？》中指出：「在網路上沒有『取消』這個選項，任何內容都無法真正被刪除。」她同時提醒：「匿名也永遠不是真的匿名。」確實，只要查詢ＩＰ（網路位址），還是能知道真實的身分，或者，只要有心，從網路上其他帳號或留言的線索也能推斷得出藏鏡人。「天下無匿名，只怕懂科技。」

《網路失控》一書比喻「網路像是打開窗戶讓人看個夠」，然而一個涉世未深、設想不周全的孩子，恐怕不只是打開窗戶而已，往往還主動洞開大門，直接引狼入室。

我們真的了解自家青少年的網路行為嗎？請回答以下幾個問題：

- 在現實生活中，孩子可能不會隨便回應陌生人的搭訕，但在網路上呢？
- 在現實生活中，孩子可能不敢隨便裸露或看別人的裸露，但在網路上呢？
- 在現實生活中，孩子乖巧有禮言行合宜，但在網路上化為別名或匿名時呢？
- 在現實生活中，孩子可能都會記得鎖門，但網路上的帳號與個資呢？
- 在現實生活中，乖巧的孩子下了課可能不會在街頭隨便遊走，更會小心避開危險的人事地物，但在網路上呢？

超乎想像的事實是，孩子在網路上的面貌和現實生活中可能判若兩人：

- 他們毫不留意、甚或毫不在意透露自己的個資與隱私
- 他們在網路上會接受陌生人的交友邀請、甚至和他們談心談性
- 乖巧文雅的孩子在網路上也會搖身變成狠角色，捲入筆戰、高調嗆聲，或加入集體霸凌
- 在百無聊賴的某個時刻，會突然貼出非常不雅的清涼照
- 一時興起，就秒傳出不應該傳的圖檔文字

• 在荷爾蒙暴衝時，和網友「裸聊」
• 在來不及後悔的混沌時刻，和閨密大方分享密碼

事實是：青少年在網路上的行為更放肆、更大膽；但爸媽的管教卻剛好相反，網路上管得鬆、管不動。然而，現實生活中不合宜或是會觸法的事情，在網路上一項也不會被放過。因此，麥可林提醒父母：「現實生活中的教養方式，同樣適用於網路。」

避免傷害「未來的自己」，這些超基本

某日，孩子滑到過去一位交情還不錯的好同學的臉書，他點給我瞧，說：「媽，這個同學變得我快認不出了欸！」我一看，哇，穿著流裡流氣，來給他按讚的朋友三教九流。我再往下滑他的貼文，淨是縱情玩樂。突然，我滑到他的朋友在他版上貼了一文「召集『黑衣人』集合，為大哥送行鞠躬」，我登時傻住。

從其照片、朋友圈、貼文的走向來看，孩子和我忍不住在腦海裡快速拼湊此

同學目前的樣貌與狀態。我想我們心裡都有數：在真實世界中，這個朋友可能已被我們默默歸為點頭之交。不過，也因為此友臉書的特異風貌深深震撼了小子，他才有機會回頭思考，自己在數位世界的形象，自己又帶給朋友什麼樣的感受？想要給人什麼樣的感受？什麼該做，什麼不該做？

當局者迷，旁觀者清，青少年看自己更是霧裡看花，但卻是朦朧美麗、完美無瑕。藉由觀摩與討論別人的數位形象，或許才能讓大頭症的青少年真正有感。年輕懵懂的孩子可能從來沒想過，就是這一點一滴：每張相片、每個貼圖、每篇發文、所展現的社交圈、參加的活動、所屬的團體、打卡的「足跡」、按讚的「手印」、瀏覽過的各式網頁、各種情緒下發出的留言，以及包括他朋友的每一則留言，集體描繪出他整體的形象；而臉書、IG彷彿就是一張行動名片、一個人的速寫，讓人在最短時間內一目了然，立判鮮明的評價。

以上構成整體印象的每一個成分，在數位世界裡都只是一筆筆由0與1排列組合而成的資料而已，但卻永遠不可能消失，而青少年就是還沒長出長期設想的能力，以致一筆筆數位資料都可能化為一把把利刃，或戕害了自己，或引來麻煩。

因此，絕對要有人引導他們，避免讓「現在的自己」去傷害「未來的自己」，而爸媽就是最關鍵的角色。以下是基本中的基本：

- 不要在網路上公開姓名、電話、學校、地址、年齡、電子郵件、家人等任何個資
- 絕不洩漏自己的行蹤
- 不要接受陌生人的交友邀請，網路上的朋友圈就是真實生活中的朋友圈
- 不要分享帳號密碼給任何朋友，包括閨密和死黨
- 在情緒高漲、激動、憤怒、低潮時避免貼文或回應
- 注意網路禮節，注意語氣是否善意與客氣，絕不冒犯他人、做人身攻擊
- 網路上的不當發言須負法律責任，匿名也難免責
- 對於針對自己的攻擊性的貼文或圖片，截圖存證，但不予回應；若連續冒犯已干擾生活，應立即封鎖對方
- 絕不要貼或轉傳具性暗示的照片、圖片與文字
- 無論感情多親暱甜蜜，絕不留給對方裸露照片、不允許對方拍攝親密或露

骨照片，絕不在網路上貼親密或露骨照片

・若有任何人慫恿互傳彼此露骨的照片，請務必告訴父母師長

我也真想天天提點自家青少年一遍，但對於不耐爸媽嘮叨的青少年，耳提面命恐成魔音穿腦。善用各種新聞事件或是生活中的案例，引導他們對照參考、引以為鑑，巧妙偷渡重要守則，最為有效。

Q20 未滿十八歲，網路上就可以亂嗆人？

青少年躲在幕後當鍵盤手，以為用匿名不會被追查，事實上，要是威脅公共安全或妨害他人名譽，也會觸法。

網路世界中，只要點進青少年社群，就會看到一則一則無腦憤怒文。不過，即使是青少年，在網路上亂放話，威脅公共安全或妨害他人名譽，也會觸法。

網路上流傳一個「罵人價目表」（在網路上嗆人被告的罰金），雖然只是參考性質，但卻說明了一件事：百無禁忌亂罵人要付出的代價很高，口袋不夠深，吃不完就兜著走。

隨便舉幾個罵人價目：罵人「更年期到了」、「米蟲」、「王八蛋」、「下流」等，構成了公然侮辱、名譽受損等罪名，曾有判賠新台幣兩千到六萬元不等罰金的判例；罵「幹×娘」判賠八萬元；罵人「神經病」判賠三十萬元；罵人「特殊性關係」還涉及加重誹謗罪，恐被法官判賠一百萬元。

青少年躲在幕後當鍵盤手，以為用匿名不會被追查，而且又沒張開嘴巴罵出聲，再加上自知還是需要爸媽監護的未成年，就更加百無禁忌了。嗆同學、損老師、酸教官、恐嚇校長，最愛嗆的恐怕就是總統、副總統和行政院長等大人物。

嗆辣青少年網路使用須知

我們來看看，青少年若在網路上公開貼出以下不當圖文，下場如何？

- 「我要殺死黃大強」↓**觸犯刑法第三〇五條「恐嚇危害安全罪」**
- 「我要殺光全校同學」↓**觸犯刑法第一五一條「恐嚇公眾罪」**
- 「黃大強全家死光光」↓**觸犯刑法第三〇九條「公然侮辱罪」**
- 「黃大強心理變態，強姦張美華」↓**觸犯刑法第三一〇條「誹謗罪」**

倘若青少年衝動莽撞、口無遮攔愛罵人，爸媽們可千萬別睜一隻眼、閉一隻眼，雖然以上都屬於「告訴乃論」（有人告狀才會論罪），但是難保哪天不會遇上豺狼虎豹。

請爸媽和青少年一起來了解以下超基本法律規範與刑責：

恐嚇危害安全罪

對象：特定人士

內容：以加害生命、身體、自由、名譽、財產之事恐嚇他人，致生危害於安全者

後果：處二年以下有期徒刑、拘役或九千元以下罰金

恐嚇公眾罪

對象：公眾或一群特定群眾

內容：以加害生命、身體、財產之事恐嚇公眾，致生危害於公安者

後果：處二年以下有期徒刑

公然侮辱罪

對象：可辨識的特定人士

內容：對其發出詛咒、粗話、髒話、貶低人格之語

後果：處拘役或九千元以下罰金

誹謗罪

對象：可辨識的特定人士

內容：意圖散布於眾，而指摘或傳述足以毀損他人名譽之事者（具體陳述不實事件）

後果：

1. 普通誹謗罪：以言詞或舉動誹謗他人者，處一年以下有期徒刑、拘役或一萬五千元以下罰金；

2. 加重誹謗罪：散布文字、圖畫誹謗他人者，處二年以下有期徒刑、拘役或三萬元以下罰金。

此外，請爸媽找機會好好教育好奇心強、愛獵奇、荷爾蒙衝腦的青少年，若是一時衝動張貼或轉傳色情圖片，不會只得到當下一個「爽」字，按下送出前，請深呼吸、按暫停，因為：

- 轉傳或散布猥褻圖片，會觸犯「**散布猥褻圖片罪**」
- 在討論區張貼自己的猥褻圖片，則會觸犯「**妨害風化罪**」及「**散布猥褻圖片罪**」

Q21 你會偷看孩子的手機嗎？

孩子爭取的是網路通訊的隱私權，還是不受控管的網路生活模式？
爸媽如何參與並監督孩子的網路生活，如同實際生活中執行的親權？

未成年的孩子擁有手機之後，宣稱自己擁有隱私權，父母絕無查看與過問的權利，因此孩子在網路上如何闖蕩、寫了什麼、貼了什麼、交了什麼朋友，爸媽所知有限。

某天，孩子被牽扯進了性誘拐或是集體霸凌的事端，不論孩子是被害人或是加害人，因為父母在法律上是「監護人」，便得背負「監督不周」的罪名。這就是當今父母無奈之處，「隱私權」彷彿是道免死金牌，只要孩子搬出來，父母的

「親權」也被其正義強光逼到牆角，不敢越雷池一步。

所有主張兒少人權者都大力主張，即使親近如父母，也沒有權利探刺孩子的隱私生活，包括身體隱私、私人空間、情感隱私、通信保密，這也是「聯合國兒童權利公約」所揭示的：兒童是權利的主體，而非國家、父母的附屬品，因此兒童享有「隱私權」此一基本人權，任何人不得任意剝奪或侵害。

父母若完全不清楚孩子使用網路的狀況，一旦孩子惹了麻煩，還是得由爸媽負起全責，所以不少爸媽站出來疾呼，為了避免不成熟的孩子在網路上受騙、受傷、做出傻事、瘋狂事，父母有權查看孩子的手機訊息。

這當然引發極力維護孩子基本人權者的大力撻伐。人權派宣稱，如果大人自己都無法忍受別人偷看他們的手機或私人書信，為什麼孩子就必須忍受？他們認為，若是爸媽非得查看孩子手機，才能了解孩子，並不代表爸媽盡責，而是親子關係疏離的表現。

人權派相信，如果親子之間夠親密，根本不待父母詢問，孩子自會跟爸媽掏心掏肺、無所不談。再者，若是爸媽想要了解孩子是否有狀況，未必非得查看手機不可，從孩子的日常生活就可看出端倪。

親子關係緊密，就能保證青少年在網路不出錯？

真是如此嗎？我們來看看真實的案例。一個明星高中的孩子，向來成績優秀、個性乖巧，但有一陣子卻像變了個人似的，逮到機會就偷用手機，成績也一落千丈，母子之間為此大小衝突不斷。媽媽實在忍無可忍，一把搶過孩子的手機，沒想到，看到的畫面讓她驚嚇到說不出話。

手機裡一張張尺度大膽的照片，字字句句極盡挑逗。原來，這孩子交了一個女朋友，女孩常常主動送上大膽豔照，讓這個單純的男孩神魂顛倒、無力招架。在母親逼問下，才知道兩人早就發生多次關係，為了上Motel，男孩甚至省下午餐費。媽媽一氣之下告到女方家長與學校，幾經談判，兩人的情事劃下句點。

東窗事發時男孩非常憤怒，認為媽媽太過分了，憑什麼看他的手機，更不認同媽媽的處理方式，因此和母親對立了很長一段時間。不過，男孩從小成績優異，對自己的要求也很高，慢慢冷靜之後，深知不能再荒廢學業，最終回到正軌。

事件落幕好久之後，男孩考上理想的學校。有一天，突然跟媽媽道謝。他說，當初要不是媽媽強力介入、狠心快刀斬亂麻，現在他不知下場會如何。

男孩說的千真萬確，在他鬼迷心竅時，媽媽看出了異狀，雖然處理方式有待商榷，但不可諱言的，媽媽善盡了父母監督教養的責任。

幾年前，一個以推甄上台大醫學研究所的研究生，透過BeeTalk、臉書等通訊軟體來騙取少女的裸照，受害者全是國中、國小女生，人數超過百人。只要少女上勾，傳出了第一張不雅照之後，惡狼就以「公開裸照」來威脅受害者提供更多更露骨的照片，甚至還要求少女擺出特定姿勢。更惡劣的是，惡狼還依照年齡、學校等將照片分類，依每位受害者的身材打分數，令人髮指。

如果那些受害少女的爸媽沒被蒙在鼓裡，必定會站出來阻止憾事發生。問題是，有哪一個受害少女傻呼呼送出裸照時，會讓父母知情呢？難道我們就可以大膽推論，這些少女就是親子關係疏離，以致於父母無從覺察異狀？

在發展自我意識與追求自我獨立的青春期，「親密的親子關係」必定是「親子之間無話不談、全然坦白」的絕對保障嗎？我不敢做此推論，因為每個孩子在這個階段都會想要暗藏祕密，如同我們自己十五二十時，不也都會偷偷鎖住抽屜、日記與書信？

現實世界中如何監護孩子，在網路上也該如此

在網路世界，孩子鎖住的不只是通訊內容，而是整個網路生活。現代的青少年生活和我們這一輩非常不同，當年，我們和別人的書信往來，只算是人際互動的其中一種方式，是生活中的一小部分而已，絕不等同、也涵蓋不了我們生活的各個面向。

然而，這一代的孩子，已經把現實生活搬到網路裡去。孩子口口聲聲要爭取與保護隱私權，他們不只是不准爸媽窺探他們的通訊，更把爸媽擋在他們的網路生活之外。孩子雖然成功保護了自己的隱私權，但也讓爸媽的「親權」無從發揮。而青少年在網路世界裡揮霍的時間，恐怕不少於實體世界，因此，下列絕對是值得父母深思的好問題：

- 孩子爭取的，到底是網路通訊的隱私權，還是不受控管的網路生活模式？
- 我們如何在保障孩子隱私權的同時，正常的參與並監督孩子的網路生活，就如同在實體生活所執行的親權？

孩子在實體世界的危險街角遊蕩，總會有好心的路人、愛心商店、警察隨時巡查；但孩子獨自在不知名的「網路街角」闖蕩時，可不會有好心人提醒、警告，甚至拉他們一把。因此，我認為，既然網路已是當今青少年非常重要的生活場域，父母理當參與其中，並適度「巡查」，就如同在現實世界裡，父母總是善盡職責地監督保護孩子一樣。

然而，青春期的孩子，就連在現實生活中都非常排斥父母的監護了，更何況在網路世界？到底該怎麼做，既能讓孩子感受到被尊重，又能讓父母理性地參與監督孩子的網路行為呢？

視法律上的責任能力，決定爸媽管理的程度

我想，先從法律的層面來看看，孩子到底有沒有能力對自己的行為負責。

未滿十四歲

我國的刑法將未滿十四歲者，歸類為「**無刑事責任能力人**」，也就是即使觸

犯刑法，也不必負任何刑責。這意味著，孩子在八年級以前，根本沒有能力為自己的罪行負責。既然當事者無法負責，那麼，由誰來負責？當然是父母，因此，我認為：

- **爸媽有權利要求孩子告知網路上的各種帳號與密碼**：才可能防範他們犯下莽撞難以彌補的錯誤。
- **爸媽要做透明人，默默看透一切，卻不說破**：爸媽所面對的，是把自己尊嚴最大化、對人權錙銖必較的青少年。緊迫盯人、處處監控，只會呷緊弄破碗，最後孩子不是乾脆轉為地下化，就是直接封鎖爸媽。
- **約定「親子線上安全協議」，爸媽有必要偶爾查看手機**：讓孩子認清此階段他們在法律上的定位與角色，責任都不在他們，爸媽才是身不由己的苦主，所以爸媽不得不介入管理。溫和堅定地告訴孩子，爸媽絕不會隨時隨地監控他們的社群、通訊與數位足跡，但絕對有－必－要－定期查看一下，特別是感覺他們比較有狀況的時候，他們不－可－以－拒絕。

十四至十八歲

此階段的孩子被歸類為「**限制刑事責任能力人**」，意思是說，這個年齡層的孩子雖然已具有承擔刑事責任的能力，但是尚未完全的成熟與獨立，所以可以減輕刑責。他們是「責任已達、成熟未滿」，未滿的部分當然還是得靠父母持續的關注與教養。既然孩子在法律上已經有一定的責任能力，爸媽應該要具備以下的認知：

- 尊重此階段的孩子能保有自己帳號與密碼的隱私權。
- 絕對要和孩子達成協議：為了保護網路安全，當爸媽覺得有必要時，比如有反常的行為、夜歸、成績陡降、過度使用手機等異狀時，爸媽絕－對－有－權－利－要求查看手機。
- 避免偷看孩子的手機內容，如果不得不這麼做，事後應該要和孩子誠心道歉。真心建議不要輕易嘗試偷看孩子的手機，因為一旦東窗事發，即使爸媽道了一萬次歉，孩子也絕對開始「防父母如防賊」，此後，爸媽就再也看不到真相。

已滿十八歲

孩子必須和成人一樣，擔負起刑事責任，此時當然就要放手，學著信任孩子。不過，孩子十八歲，真的就能立即進化成明辨是非、絕不出錯的好公民嗎？多少新聞事件的主角都是已享有投票權、已屆合法結婚年齡的大學生。

對於晚熟的孩子，監護人的角色在法律上雖然業已失效，但情義上、道義上絕不可能免除責任，因此，繼續默默關注與監督吧，不間斷地巧妙發揮正面的影響力與適度的約束力，是父母一輩子的工作。

不過，防範孩子最有效的利器不是法律，也不是監控工具，而是讓孩子放心自在的家。若孩子從小就習慣和爸媽無話不談，到了青春期也無須偽裝自己，那麼爸媽才能保住一大把和孩子諜對諜的腦神經細胞。外在的手段又累又不長久，親子關係的好壞才最是關鍵。有關係就沒關係，沒關係真的很容易有關係！

Q22 用科技管科技，壞人不用爸媽做？

使用外在的工具來控管網路時間，可不是壓制，而是在協助孩子從「他律」順利走向「自律」。

明明約定好了使用3C的時間，但每次到了該關機時，孩子就使出「推拖閃躲飄」之技，爸媽真是不勝其煩。如果你家也常上演這種戲碼，不如將「人與人」之間的約定，化為「人與機器」的約定，也就是用沒有妥協空間、也聽不懂「等一下」、更沒有模糊地帶的科技產品來對付「人性」。

光靠「爬蟲類大腦」特強的青少年掌控他們特弱的「靈長類大腦」，那自覺自制很可能變成自掘墳墓啊。

活用科技產品，幫助孩子學會自律

有些爸媽會覺得，有必要防孩子使用手機像防賊嗎？首先，爸媽要先匡正自己的出發點與心態：爸媽使用外在的工具來控管網路時間，可不是壓制，而是在協助孩子從「他律」順利走向「自律」；這是一股「助力」而非「阻力」。從這個出發點來和孩子討論，他們才不會覺得像被銬上了刑具，而是接受必要的協助。終有一天，他們能體會爸媽是用心良苦，而非惡意防堵。爸媽可以考慮善加利用的科技產品有：

路由器

英文是Router。請大膽放棄查看維基百科的定義吧，因為很可能愈看愈糊塗，最後因不了解而錯失這個好發明。容我來譯成白話文吧。

就把它想成一個有很多閘門的管制中心，每一個閘門都控管一個家裡的3C用品，比如說桌機、爸爸、媽媽、大女兒的手機、小兒子常用的iPad，這樣就有五個閘門，就像控管自來水要給誰家使用一樣，路由器可以分別設定這幾個閘門要不要打開、幾點開、幾點關。

只要是孩子沒有行動網路，或是行動網路很有限，也就是全家人回到家都需仰賴家裡的 Wi-Fi，那麼這會是一個非常棒的選擇。不過，爸媽若用此法，是管不到孩子在家裡以外使用手機的狀況的。

Google Family Link

我認為這是一種非常全面性的管理工具，但是孩子也必須擁有 Google 的帳號。若孩子未滿十三歲，可由爸媽幫孩子申請帳號，然後爸媽下載「Family Link 家長版」，孩子則下載「Family Link 子女版」。投資一點點時間玩一下 Family Link 的各種功能，並且，和孩子討論一下你的要求和他的需求，再來好好設定一番，就能一勞永逸。這是一款非常受到歡迎也很好用的 App，它的功能有：

- **時間管理：**可以從遠端來設定孩子的使用時間、使用上限時間、就寢時間，也可以隨時依照需要，比如說社交場合、用餐時間、家人共處時間等，隨時控管孩子的使用時間。

- **管理孩子的App：**孩子要下載任何的應用程式，系統都會通知父母，經過父母核可才可以下載，對於特定的App，爸媽也可以封鎖，不讓孩子觸及到（但不會消失，一旦解除封鎖仍然可以觸及）。
- **掌握孩子使用各種應用程式的時間：**系統會提供詳細數據，讓父母一目了然孩子花在臉書、LINE、IG、各遊戲等的時間。
- **掌握孩子的行蹤：**但這必須在開機、並開啟定位功能狀況下，才有用。
- **管理孩子的Google帳戶：**比如，變更YouTube Kids的內容篩選設定；也可以選取「安全搜尋」的功能，但由於其篩選器和Chrome網站的設定沒辦法百分之百的契合，因此，孩子還是有可能接觸到煽情、露骨、聳動的不適當內容。爸媽還是要盡可能細膩地了解孩子的上網活動。家有青少年，關於YouTube，建議選擇「嚴格篩選模式」。
- **監督者不限於一位：**爸媽都可以管理孩子的帳戶。

iPhone的「家長模式」

如果孩子是用iPhone，那麼充分使用它所提供的家長功能就超級完美了。點進「設定」，點選項「螢幕使用設定」，就有非常清晰、直觀式的設定頁面，只要願意花一點點時間，設定上幾乎沒有難度，非常流暢。

不過，首先要設定「螢幕使用設定」的密碼（當然，這個密碼永遠只有爸媽知道），然後再來逐項進行設定，如：「使用時間」的設定、「App 限制功能」的設定、「永遠允許使用」的 App 設定等。

此內建功能可以針對個別的 App 來設定使用時間的上限，比如臉書、IG、特定的遊戲等，避免孩子玩過頭；同時，為了防止孩子一時衝動亂花錢買虛擬道具，還可以開啟「禁止 iTunes 與 App Store 的購買」，再進一步點入，更可以開啟「App 內禁止購買」。

除了時間與 App 的掌控，家長最擔心的不當網頁也可以過濾，只要點入「內容與隱私權設定」，再開啟「內容限制」的功能，然後點選「網頁內容」，不適當的網頁就會被過濾掉。

最簡便的管理工具：電信公司提供的系統設定

對於自覺數位落後，或擔心怎樣都搞不懂新式科技的爸媽來說，那麼就直接使用電信公司提供的管理系統吧。比如中華電信，每個月付極少的費用，就可以到它專屬的網頁「HiNet 上網時間管理」，設定 Wi-Fi 的開放時間，以每半小時為單位，爸媽只要在不可開放的時段點「×」即可。

但這和使用「路由器」一樣，前提是，你家孩子沒有充裕的行動流量，大多必須仰賴家裡的 Wi-Fi。當然，爸媽也同樣管不到孩子在外使用手機的狀況。

Q23
爸媽你自己是不是機在人在、機亡人亡？

都是大人在檢討孩子，誰來檢討以身作「賊」的爸媽呢？
唯有我們誠實面對自己的問題，才能讓孩子心服口服。

兒福聯盟統計，孩童走失有五成二的原因，是爸媽忙著講電話滑手機，忽略看顧幼兒所致；日本暢銷繪本《我想變成媽媽的手機》問世，反映的也是為人父母者沉迷手機的社會現象，可見不只是父母對孩子使用手機束手無策，孩子也對爸媽手機成癮忍無可忍。

前一陣子，中國有個孩子的作文，毫不留情地指陳媽媽是如何沉迷於手機中，而他「恨不得把媽媽連同手機趕出大門」；另一個孩子則是寫了一封信對媽媽曉以大義，希望媽媽能放下手機，多多照看年幼的弟弟，文末還特別強調，要媽媽把信轉給爸爸看，因為爸爸也玩太凶。

爸媽們，我們要不要捫心自問：

在我們要求孩子多讀書不要只滑手機之時，我們自己翻書了嗎？

在我們擔憂孩子一心多用，邊讀書邊用手機的時候，我們自己願意先把手機放到遠處，示範如何專心一意了嗎？

在用餐時，我們希望孩子不要老做省話一哥、沉默一姊，但我們自己有主動把手機收起來，誠摯地看著孩子們、好好跟他們聊聊天嗎？

在我們痛斥孩子除了滑手機對什麼都沒興趣的時候，我們是否認真想過，自己除了滑手機，可還有任何想追求的事物、有充滿樂趣的多樣生活、有特定熱愛的興趣嗎？

睡覺前，我們喝令孩子不准再碰手機，要把手機放到公共領域，但是，我們自己率先這麼做了嗎？還是偷偷摸摸的滑到眼皮雙垂，還不肯罷休呢？

當我們指責孩子都把時間浪費在手機時，我們是否也一點一滴滑掉生命了呢？

爸媽以身作則，誠實面對自己的問題

打從孩子出生時，有多少爸媽就開始放縱自己扭曲成「機在人在、機亡人亡」的人形立牌爸媽呢？你等車滑手機嗎？你上廁所滑手機嗎？你吃飯滑手機嗎？你開車滑手機嗎？你走路滑手機嗎？你睡覺前滑手機嗎？你睡覺中途醒來要滑一下手機嗎？

等車↓上廁所↓吃飯↓開車↓走路↓睡覺前↓睡覺中途醒來時

以上由上到下，代表沉迷的程度愈來愈深，我們要不要從下方最嚴重的那一項開始練習戒除呢？然後循序漸進做好自我控管，免得辜負了已經號稱成熟的大腦CEO——前額葉（約二十五歲時發展成熟）。

我們的一言一行、一舉一動，孩子都在觀看、都在拷貝，殊不知孩子到了有思辨力的青春期，可不只是「拷貝」我們的行為而已，你知道嗎？青少年可能隨時隨地都在「評價」著我們。

為什麼都是大人在檢討孩子呢？誰來檢討以身作「賊」的爸媽呢？先看看自己陷得多深吧，坦誠追溯自己成癮的歷程與生活模式的變化。

唯有我們誠實面對自己的依賴甚至成癮問題，親自走一遭，擺脫過度使用3C的歷程，才可能真正領略個中的眉角與技巧，掌握幫助孩子的方法，孩子也才心服口服，信任並願意和我們溝通，甚至願意跟從我們的引導，脫「癮」而出。

Q24

真正的問題是：家有豬隊友？

不只要把豬隊友從「狀況外」拉進「狀況內」，還要讓他從「局外人」變成「局內人」。

太多媽媽來跟我告狀，為了解決孩子沉迷3C的問題，不論閱讀多少教養書、參考多少專家撇步、和孩子約定再多規則都沒用。只要家裡的「豬隊友」走鐘、濫發「好爸爸慈悲」、痛批「婦人暴政」，孩子就名正言順大失控。媽媽的主訴都不是難纏的青少年，而是：

頑固豬隊友＋投機分子，此一超強無賴組合。

最後，媽媽只有棄械投降、任全家墮落。

每當我反問家有豬隊友的媽媽們：「你們和孩子討論3C使用規則時，孩子的爸知道嗎？有參與嗎？」媽媽們的答案往往都是「不知道，沒參與。」喔，我說錯了，應該是「沒參與，所以不知道。」這種狀況的唯一解方，當然就是想辦法讓始終是「局外人」的爸爸參與進來。

「但豬隊友和我的想法南轅北轍，他認為孩子玩個手機沒什麼大不了，大人也在用，卻處處限制孩子，把孩子當犯人來監控，只會讓孩子不服氣。」

第一步：把豬隊友從「狀況外」拉進「狀況內」

很明顯的，這種爸爸不僅是「局外人」，還是「狀況外」的人，壓根不清楚手機會對「自制力在正常人水準」的孩子，造成多大的影響。

所以，第一步，當然不是把爸爸從「局外」劃進「局內」，而是「提升」他從「狀況外」走進「狀況內」，讓他具體了解孩子受到的負面影響。

「我有跟他說，但他覺得他什麼都知道，根本不需要我多說。他說他屬下那麼多，也沒限制他們工作時不能使用手機，但是該做的自然會做。小孩也一樣，如果他們不想讀書，即使把手機扣住，他們一樣不會好好讀；如果真的想讀，就算不管控也不會有任何影響。還怪我把家裡氣氛弄得很僵，讓讀書變得那麼痛苦，孩子會好好讀書才怪。每次都說他管一堆人，不要來教訓他！」

原來，這個狀況外的人真正的問題是——自己不覺得在狀況外，且還自認是有「高級主管」兼「一家之主」雙重頭銜認證的大內高手，怎可能接受婦人之（愚）見呢？所以，我們若用「提升」、「教訓」他的角度出發，注定失敗。

遇強則弱，遇高則低，對付這種「高人」，我們就是要用示弱、求助、裝可憐等小技巧，才能吸引他從高處爬下來，不是要他「附和」我們，而是「幫」我們解決難題。

趁著兩個人關係融洽、特別是枕邊細語時，哀兵姿態演一下：「老公，我覺得好煩惱啊，我想你在公司要管理那麼多事情，一定比我知道怎麼讓孩子讀書更專心。小敏現在讀書，都會一直偷玩手機，而且我發現手機在旁邊，她就非常不專心，補習班有規定不能用手機，讀書效率真的就比較好，你覺得該怎麼辦？」

男人都喜歡解決問題，大男人更喜歡解決大難題，當主管的大男人面對無助的太太更覺得責無旁貸，所以，聰明的太太當然要用低姿態來切入正題。這樣，大男人的耳朵才會打開，打開了才會真正聽到，聽到了才能真正了解孩子的問題，而非憑他自己的想像，如此才能從「狀況外」走進「狀況內」。

第二步：把「局外人」變成「局內人」

第一步驟完成後，還要進行第二步，也就是再把他從「局外」納進「局內」，一起參與管教監督工作。傳統型的先生回到家能少一事就少一事，所以大多對孩子的事不聞不問不管，回到家就是大腦關機、手機開機，樂當無事一身輕的局外人。如果大男人已經在「狀況內」，代表他很清楚孩子隨心所欲使用手機的負面影響，也就會知道訂定規則的必要。

同樣的，燈光美氣氛佳、床頭不吵、床尾也和的良辰吉時，夫妻兩人先來「運作」一番，對規範孩子如何使用手機先達成共識，有共識做基礎、做保障，就能確保穩固的靠山就會站在媽媽這一邊。接下來和孩子訂定親子雙方都同意的規則，以後孩子要是不守信用，就不怕豬隊友來扯後腿了。

最厲害的等級，還能把大男人從「局內人」變成「主揪」，也就是將「欽差大人」一職順利交接給隊友。

有個朋友跟我說，她兩手一攤，說：「老公，我真的拿孩子沒轍，我們討論定案的規則，她都不遵守，我覺得你比較有威嚴，你來管一定比我有效！」爸爸出面後果真效果驚人，我朋友還會抓緊機會，補上一罐迷湯：「老公你真的很有辦法欸，你一出面，孩子都不敢再滑手機了，好厲害喔！」哇，女人如此心機用盡，就一路把「豬隊友」升級成「神隊友」啦。

我自承，我不行，我沒有這樣的天分，儘管我寫得頭頭是道，但是道行真的只夠把隊友從「狀況外」轉進「狀況內」而已。大家不要氣餒，我們一起加油。

第三部

陪伴青少年探索成長祕密：戀愛、人際關係

Q25 害怕社交失敗的敏感青少年，根本庸人自擾？

因太在乎形象，也太在意他人是否接納與喜歡自己，很多敏感的青少年容易卡在自卑自責自我批判的泥淖裡出不來。

女孩和男孩最大的不同，就是把「被人接納、人際和諧」當成是相當重要的生命價值指標。當男孩們聚集在線上攻略城池、拚寶藏，比賽誰打怪打得最多最快時，青少女的競技場則放在社交圈，在乎自拍讚數有沒有輸給對手，無法停止較勁誰比較受歡迎、誰最可愛、誰最有魅力、誰最有人緣；對於博得別人的好感、擁有黏踢踢的手帕交，青少女總是興致勃勃。她們心裡彷彿有一面自己的「魔鏡」，常常需要確定誰是世界上最受歡迎的人。

正是因為對「社交接納」的高度需求，比起男孩子，女孩對於他人的反應、人際互動上的眉眉角角更加敏感且多慮，這也造成青春期女孩在人際關係上所受到的挫折與焦慮，普遍高於男孩。

敏感細膩的少女心

我高中時，就曾飽受社交上過度敏感之苦。同學一個不經意的冷漠眼神、一句半開玩笑的嘲諷、三五成群獨缺揪我之時，我就陷進自我懷疑的深淵中，不時檢討：「我是不是看起來很古怪？」「還是我哪裡說錯話、得罪了人？」

國二時我跌斷了門牙，當時忙於課業、爸媽手頭又緊，沒有即時補做牙套，因此一開口就被同學笑稱是布袋戲裡的「哈迷二齒」。久而久之，我便不太習慣露齒而笑，總是下意識用手遮掩。升上高中後，即使已補好了牙，卻因已習慣，嘴巴很難放開來燦爛大笑，而我愈是注意自己嘴部的不自然，就愈顯僵硬；愈僵硬就愈覺得所有人都在注意我怪異的表情。

有一天午餐，我啃雞腿啃得津津有味時，同學看到我吃得滿嘴油光，轉頭跟其他同學笑哈哈地說：「你看，彭菊仙吃個飯也把嘴巴吃得髒兮兮的，又不是三歲小孩！」其他同學也沒多想，一起笑了我一頓。

當時的我，只想到自己的面部表情僵硬怪異，再加上吃得滿嘴油漬，立馬感覺自己面目猥瑣醜陋，自慚形穢地低下頭來、羞紅了臉。從此很長一段時間，「我看起來很不自然！」「別人一定覺得我超怪！」這些念頭經常盤踞在我腦海中揮之不去。

於是，我愈來愈不喜歡主動和人交談、上台說話甚至緊張到整個臉與脖子通紅，最後，我盡可能選擇避開社交場合，並放棄上台表現自己的機會，只有在少數我信任的家人朋友面前才能完全放鬆。

如今我年過半百，回想起來，其實同學並無惡意，就是少女們很單純、直條條酸來損去的玩笑話罷了，也絕無注意到我自認為的尷尬僵硬表情。但是她們不知道，當下的我一手把自己塑造成怪咖，在心中的魔鏡裡，把自己膨脹成一隻又髒又醜討人厭的怪物。

如我在《家有青少年之父母生存手冊》所述，青春期孩子心中都有一批「假想的觀眾」，認為自己萬眾矚目。事實上，哪有什麼觀眾呢？所謂的觀眾，不過是自己對自己的投射罷了。

因為視自己為怪物，所以，我便認為身邊的人全都視我為怪物。於是，表現出來的行為舉止更加退縮古怪不自在，最後，就真的把自己塑造成一個貨真價實的怪物。我帶著又厚又重的防衛，不想靠近任何人，也不想被任何人靠近，因為我害怕別人看穿我這個怪物的眼光，所以寧可天天當獨行俠，蜷曲在「只有自己的世界裡」才是最舒適的姿態。

引導孩子辨認負面念頭

因為太在乎形象，也太在意他人是否接納與喜歡自己，不少青春期女孩都和當年的我一樣，很容易陷入無可自拔的過度思考、負面想像：

我是不是很怪？
我是不是很醜？
我是不是看起來很笨拙？

別人是不是不太願意靠近我？
我不知道我該說什麼比較好？
別人是不是看出我很尷尬不自在？
……

只要別人的態度有一點冷淡，根本算不上惡毒，但女孩憑直覺就認為別人對她有意見、是在針對她，很容易就卡在自卑自責、自我批判的泥淖裡出不來。總歸一句話：「孩子，你真的想太多了！」

因為對人際和諧、社交接納的天生敏銳與重視，女孩受困於人際焦慮的程度多半比男生來得嚴重，最後也可能惡化成社交恐懼或社交障礙。當然，心思比較細膩敏感的男孩，也比較容易陷入類似的狀況裡。

《青少女生存手冊》一書的作者漢門博士（Lucie Hemmen）傳授了一個方法，引導青少年把「過度思考」看成是一隻亂跑亂叫的小狗，只要意識到「牠」又跑出來胡鬧亂叫，就要想辦法趕快把牠牽回來馴服。

家有個性敏感的青少年，要特別引導他們學會自我覺察，常常辨認自己的念頭，到底什麼樣的狀況特別容易陷入過度的思考、負面的想像，並注意不要總把情境無限上綱成「我是怪咖，我不受歡迎，我一定會被排擠，我是邊緣人，我永遠是社交局外人」，預防他們變成沉默、退縮、不想踏出舒適圈的內向孩子。

踏出舒適圈，社交退縮不藥而癒

幫助這類型青少年清理負面想法、接納自己，重新生出正向社交的動力與能力，非常重要，否則社交退縮也可能惡化成憂鬱症。根據《青春期的腦內風暴》一書所述，比起男孩，困於人際關係而罹患憂鬱症的女孩比例更高。

大人若是感覺到青少年有社交退縮的傾向，即早找到方法來引導他們，讓他們能夠重新聚焦在自己可愛與美好的特質，是成功的關鍵。

- **蒐集自己受人讚賞的好特質：**讓孩子去問問關心他、重視他的親朋好友，請他們誠懇指出，他擁有哪些討人喜愛的特質與優點？孩子可能會很訝異自己從來沒注意到這些優點，而這些正是扭轉自我印象、逆轉勝的起點。

請孩子把這些好特質一一寫在小卡片上，貼在書桌前、衣櫃旁邊、筆電前、筆盒裡，學著用仁慈與溫柔的眼光，聚焦在自己的美好特質上，每天一起床就能面對這些具體的激勵，天天增強對自己正向的評價。

- **提醒孩子想想童年可愛的自己：**孩提時代，大部分的孩子都像世界的中心，被家中大人捧在手心呵護，天天無憂無慮；過了那段純真的年紀後，敏感的孩子很容易把注意力放在自己最不滿意的部分，特別是完美主義型的孩子，對自己十分嚴苛、不斷自我批判，只看到自己不如人、做不好的地方，最後擴大成一無可取的自我印象。

請他們試著倒帶、走回童年，把現在的自己融進那個可愛的自己，更全面完整地感受自己，然後把感受到的正面、美好的特質說出來、寫下來。

- **用正向的心態激勵自己：**找到了自己美好的特質，大人則要幫助孩子「固化」正向的自我評價，讓他們知道，雖然不可能比每個人好，但絕對也不比每個人差。再完美的人，都不可能討好世上所有人。敏感的孩子多半害怕面對人際之間的不和諧，這是他們的罩門，他們需要及早體認到，人和人之間不對盤、有衝突都是非常正常的，也是必須學習去面對與化解的。敏感的孩子最需要學習溫柔寬厚地對待自己，更有彈性地看待人際關係。

與自己的不自在和平共處：告訴孩子：「我知道你感覺很不自在，但是，不自在就不自在啊！」引導孩子勇敢正視自己不自在的感覺，天天去感覺它、熟悉它，最終就會察覺「這種感覺好像也沒什麼嘛」而能釋懷。勇敢面對、接受自己內心的感覺，就會像一個泅泳者突然有機會將頭探出水面換氣，然後才發覺，其實別人根本沒太多精神與時間注意自己；即使注意到了，也不見得會放在心上，更遑論竊竊私語、產生反感。而就算別人真的看出來我們很不自在、很尷尬，又怎麼樣呢？通常愈是坦承自己內心的感覺，就愈能釋懷、愈可放鬆。

能勇敢面對自己的不自在，就能習慣它，漸漸的，就會忘記它，才能更進一步將注意力放在「我」之外的一切事物之上，融入當下，忘卻自我，焦慮感自然消失殆盡，終有一天，能發展出控制它的能力。

- **每天都有小小拓展，慢慢擴大社交舒適圈：**對敏感的青少年來說，自己的臥房恐怕是最安全的舒適圈，每天回到家、關起門，就可以完全隔絕社交上的種種挫折與壓力。

但是陷在局促狹窄的舒適圈裡，並不會真正感覺舒適，因為這是不得不的選擇。因此，自我懷疑、自我貶抑的負面聲音，仍會在思緒的空隙中不斷冒出來。愈退縮，反而愈自我懷疑，就愈不快樂。

幫助這類的孩子，絕不是眼巴巴看著他們把自己封閉在社交象牙塔裡，而是要引導他們釐清自己社交恐懼的原因，然後針對原因，幫他們設定小小的、新奇的嘗試與突破。比如：

- 跟迎面而來的朋友視線接觸、點頭微笑，主動打招呼
- 朋友在談話時用心傾聽，並反問問題，表達對話題的興趣
- 找機會跟一個欣賞但不熟的朋友接近、交談
- 試著準備幾個笑話，在閒聊時展現幽默感

- 小組討論之前先準備好要表達的見解，主動發表意見兩次
- 試著在小組活動後參與延伸的社交活動，如一起去飲料店、逛書店……
- 社團活動時，試著主動擔負一個小任務
- 試著每天讚美三個人
- 每天真誠地關心問候一個自己重視的朋友
- 對一個自己覺得信賴的朋友，坦誠揭露自我的內心，拉近距離

在孩子起步練習時，大人要常常給予孩子心理建設，告訴他們，做一些新嘗試時，絕對會感到不自在，這些感覺是很正常的，別太注意它們，甚至要意識到自己是否放大了這些感覺。習慣乃是長期累積而成的，若是每天都願意拓展一點點，長期下來，就愈來愈能感到稀鬆平常，終有一天能駕輕就熟。

爸媽也可以反問孩子，「你覺得別人真的就比你自在嗎？觀察看看有沒有同學和你一樣，也很膽怯、沒自信、在觀望猶豫著，他們好像也在等別人主動出擊呢？或許，他們的狀況比你嚴重，搞不好，你可以成為主動破冰的出擊者呢。」

當然，對於個性敏感保守多慮的孩子，無需勉強他們邁出太大的步伐，比如

要求孩子和個性截然不同的人去從事他不習慣的活動，這樣只會產生更多的懷疑與混亂，讓他筋疲力竭、無力招架。

漸進式地踏出舒適圈，一點點累積、慢慢來，而且聚焦在自己已做到的、有進步的部分，才能養出實實在在的社交勇氣。

Q26 黑特青少女用嘴巴就能殺死一個人？

青少女容易捲入暗黑較勁的社交套路，
適時引導孩子覺察，盡早偵測到惡念存在，就能避免負面社交習慣。

家有青少女的爸媽最常提出的社交問題是，女兒與手帕交激烈的友情變奏曲。前一個月還是連上廁所都要手牽手一起去的史上最強閨密，這個月因為有人在男同學圈子太夯而絕交、斷 LINE。

有個媽媽說，小女生小鼻子小眼睛也就算了，但是，她女兒的遭遇讓她徹底體會什麼是最毒婦人心。

班上有一個眾女生都非常愛慕的小帥哥，不僅幽默風趣，又很會帶動氣氛，再加上就讀數理資優班，又拉一手好琴，所以女生為了這個男孩，紛紛暗自較勁、爭風吃醋。

本來女兒和閨密聚在一起無話不聊，當然，有關這男孩的動向更是她們最感興趣的話題，好像不聊個幾句他說了什麼爆笑的話、什麼舉動很有事，那一天就不算過完似的。明明每個女孩都愛在心裡，但說出來的，都變成這男孩既白目又可笑、對誰有意思、明天要怎麼對付他。聊八卦是兩個小女生最快樂的消遣，也是兩人感情最好的魔幻時刻。

殘酷的青少女社交世界

因為朋友的女兒長得可愛、笑容可掬，功課不是頂尖，但人緣不錯，男孩子都滿喜歡她，也常傳聞有別班男生想來告白。正好音樂課她跟話題王子分在同一組，多了互動機會。

音樂課規定，每一組要籌備一小段十分鐘的音樂節目，任何形式、樂器不拘。男孩拉琴一把罩，而朋友的女兒則從小練鋼琴，就被湊成該組的主軸演出。

女孩個性和善溫柔，男孩則是幽默帥氣，練不好時，男生都故意開玩笑，惹得女孩不停傻笑，男孩愈看女孩愈可愛，在動人的旋律中似乎燃起小小火花，彼此雖沒明白表示，但下課總是自然而然地走在一起，說說笑笑。

沒想到，這為女孩和閨密的友情投下了震撼彈。閨密明顯感覺到女孩下課較少來找她，又看到她和話題王子走得這麼近，也說不清楚自己心裡到底是痛恨朋友見色忘友，還是嫉妒白馬王子愛的不是她？再加上每晚私 LINE 時，女孩都會把她和男孩之間開的玩笑、曖昧的感覺，毫不保留地跟閨密分享，讓閨密愈聽愈不是滋味。

不知何時開始，閨密對女孩愈來愈冷淡，而這冷淡的感覺，從兩人之間蔓延開來，女孩發現好幾個原本還不錯的女同學都不太搭理她，看她的眼光都帶著不屑。

直到有一天在補習班，一個別班的女生無意中跟她說，現在很多女生都討厭她，覺得她是騷貨，為了引起「王子」的注意，笑得很假掰，走起路來還扭來扭去的，噁心極了！女孩這才知道，她被排擠在一個新群組之外，而這個群組幾乎都在講她和男孩的八卦。

短短一個多月，女孩沒了閨密，更成為女同學共同的笑柄與仇敵。每天到學校，除了「緋聞對象」和幾個比較有話聊的男同學，幾乎沒有女生願意靠近她。她甚至隱約感覺到，下課時間總有一小群人聚在一起說說笑笑，刻意遠離她，不知道她們是不是在講她的壞話。形單影隻的她根本不知道自己做錯了什麼，心情非常沮喪。

這就是青少女的社交世界，溫暖起來讓人覺得自己永遠不可能倒下，但是殘酷起來，會讓人直想了斷與世界的關聯。

小心八卦上癮

青少女的社交世界有幾個微妙又邪惡的心理元素：羨慕、嫉妒、恨。八卦事件像是照妖鏡，會讓這些潛伏的微妙元素攤在陽光下，化為拉攏、結盟、排擠、孤立等社交招數。說穿了，女孩們玩的社交鬥爭把戲都是老哏，都有SOP。

女孩與女孩之間隨時都可能在暗自較勁，如果自覺擁有的資源與受到的矚目差不多，頂多就是你偶爾羨慕我、我偶爾羨慕你，算是達到平衡的狀態。但是，如果其中一人受到的矚目與資源明顯高於另一人，那麼「羨慕」的強度就會增強成為「嫉妒」；而如果嫉妒心沒有轉化成提升自己的正向力量，或者無法靠著修為與智慧調整心念，內心的落差感就會浮上檯面，「嫉妒」就會惡化成為一股力道強勁的「恨」。

女孩的恨意需要釋放的出口，生活中的大小事都可能成為火種，讓攻擊者藉機展開各種操作，手法不出：誇大對方的負向特質、醜化其人格、扭曲事實，然後像發射子彈一般到處放出攻擊言論，這就是女生慣用的伎倆——八卦化。

八卦，可說是女生世界的精神「零食」，解饞又排悶，一口接一口，一個傳一個，就這樣完成了女生的聯盟動作。但是，八卦愈傳愈多人、愈傳愈離譜，結局必定以決絕撕裂作收。

女孩加入八卦集團的目的不一。有的純粹享受咀嚼「八卦零食」的痛快滋味；有的是為了拉出敵我、找到同儕的歸屬感；有的則也是在同溫層裡消化自己的嫉妒與恨，磨掉自己不如人的挫折感、維持優越感。但在女孩世界裡，若沒有一股正義的煞車力量適時出現，八卦負能量將如同滾雪球般愈滾愈巨大，其殺傷力可能超過一把利刃，殺人於無形。

因此，家有青少女，最怕她們毫無自我覺察，捲入、甚至內化了這種暗黑較勁的社交套路。在她們人格轉化與固化的青春期，不斷重複、負向增強，最後發展出愛嚼舌根、攪是非的「八卦人格」。

要是你家女兒願意聊聊班上同學八卦，可以問問她：「如果你是她，被好朋友講成這樣，你有什麼感覺？會不會覺得好朋友背叛了你？會不會對友誼失去信心？你覺得怎麼做對每個人都比較好、也比較公平？」這是青少女友誼世界中需要特別修練的功課——檢查自己是否染上了負面的社交習慣，喜歡妄下判斷、主觀認定、誇大其辭？爸媽閒談時透過這些問題，引導孩子去覺察自己的良心、反思自己的念頭，只要能在最開始就偵測到惡念的存在，便能無痛拔除。

青少女社交特訓：拒絕加入八卦集團

所謂物以類聚，磁場相近的人會聚在一起，正向社交的人會吸引正向社交的人，寬大厚道的人會吸引寬大厚道的人，三姑與六婆，當然就一拍即合，最後都窩在同一鍋。

如果知道女孩團體裡已經流竄著言語流彈，可以找孩子談談，鼓勵她拿出勇氣來擔任「八卦終結者」：建議孩子試著改變話題，或是找機會幫對方說幾句客觀的公道話，甚至勇敢反問帶動的朋友，同樣的事如果發生在自己身上怎麼辦？在團體裡，找到能夠理性思考和溝通的朋友，先踩下煞車，再慢慢擴大這股正向的效應。

如果孩子自己就是被中傷的主角，最好的方式就是把問題帶到檯面上來解決，直接去找放話的主腦好好溝通，放在心裡只會不斷猜疑與怨恨，而使對峙的力道愈來愈強烈、人數愈捲愈多、手段愈用愈壞，傷痕愈裂愈大。

開誠布公邀請當事人騰出時間來當面聊聊，不建議用網路溝通、傳 LINE，因為文字的攻防戰通常只會愈描愈黑，淪為大家各自表述、只問立場、不問對錯的對立狀況，讓事態更加惡化、沒完沒了。找一個舒適、私密的地點，在適當的時間，讓彼此能安靜下來、不被打擾。

要怎麼溝通比較能達到效果呢？回到一開始的案例，被孤立的女孩誠懇地把閨密約出來，首先，可試著用最客觀的方式來敘述這段時間發生的事情：

我們本來是好朋友，但這陣子我們不僅沒有互動，我還聽到很多對我的批評。

再來，則是表達對這個事情的感受：

這個事件讓我失去你這樣一個好朋友，我覺得很可惜，很遺憾。
聽到一些好友批評我是騷貨、只想討好男生，這讓我覺得很受傷、很屈辱。

最後，則要提出對彼此友誼的期望，或是怎麼來解決彼此的衝突：

我很珍惜和你過去的那段時光，我希望我們能夠像過去一樣，還是好朋友。
如果我有什麼地方讓你看不慣，希望你告訴我，讓我有機會改變。

面對彼此的誤解與衝突，溝通的步驟很簡單，就如同上面所敘述的三個步驟：

敘述發生的事情↓表達這件事情帶來的感受↓提出期望與解決的方法

當然，單純的孩子會以為，自己誠心想要溝通，對方就得善意回應，最後應該要喜劇收場才對。但是，女孩子之間的暗黑競逐心理複雜難測，帶著誠意去溝通，最後熱臉貼冷屁股、鎩羽而歸也不意外。

藉由這一次次的經驗，就能看懂女孩的社交套路，也就學會更小心翼翼地避開女孩社交的「黑特」地雷。在成人前，摸透雌性世界裡的機伶處世之道，絕對是件好事，也是非常重要的事。

Q27 玩交友App玩到開私密小房間怎麼辦？

爸媽永遠無法做到滴水不漏的監督與防堵，最重要的是，將「網路交友安全守則」內化到孩子腦袋裡、行為中，成為習慣。

一個媽媽讀者來信訴說她的憂慮：高一女兒讀的是挺優的社區高中，功課還不錯，從小不太讓她操心。但上了高中之後，她發現女兒花在手機上的時間愈來愈多，一找到機會就掛在手機上，臉上喜怒哀樂表情豐富，有時躲在房間裡大半天不出來。媽媽覺得女兒一向乖巧，很信任女兒，以為在玩遊戲或跟同學聊天。

某天，無意間瞥見女兒的手機，發現她聊天的對象竟然是個陌生人，而且尺度相當大膽，連接吻、三壘等字眼都毫不避諱。媽媽非常驚嚇，一想到網路上各種性誘拐、性侵、失蹤殺害的新聞，不由得緊張起來。

問題是，她是偷看女兒手機才發現祕密的，如果單刀直入和女兒談，以女兒高自尊心的個性，絕對會吵翻天。但若裝作不知情，又擔心接下來的發展。她寢食難安，不知該怎麼辦才好。

針對這個案例，先不討論該怎麼做，首先要問爸媽的是，我們對現在青少年網路交友了解多少?演講時，我會問問爸媽們：「你覺得你的孩子有在網路上交陌生網友嗎？」

有爸媽聳聳肩說：「孩子都說要隱私權，我們怎麼會知道？」也有爸媽斬釘截鐵地說：「絕對沒有，我盯得很緊。」真的嗎？我們真的清楚孩子在網路上的交友狀況嗎？

根據兒福聯盟「二〇一八年兒少交友 App 調查暨網路交友離家現況報告」，青少年透過網路認識陌生網友的比例已高達百分之八十六。也就是每十個兒少，就有八、九個有在網路上認識陌生朋友的經驗。爸媽真的有自信說自家孩子就是那少數一、兩個稀有物種嗎？

我也試著了解，爸媽是否知道孩子透過什麼管道來結交陌生網友？爸媽的回答多半很籠統：「就是亂加朋友啊！」「加陌生臉友啊！」「朋友的朋友吧！」

新式交友軟體百花齊放，爸媽難潛水

X、Y世代的爸媽，恐怕還停留在網路社交的舊石器時代——臉書，最多再玩個IG。如果把臉書或IG類比為「網路社區」，玩得小的，就像只走到自家樓下街角，僅限於和熟識的人互動；玩大一點的，則把範圍擴大，就像把附近的社區都走透透，雖然有不熟的朋友，但大概碰過面、點過頭，即使沒什麼實際交集，至少還知道他們的存在。

你還在擔心孩子亂加臉友嗎？事實是，現在的青少年若還只是臉書族，可是會被同學笑「原始人」喔。你抱怨孩子只開放IG的「大帳」，「小帳」卻鎖緊緊，神祕兮兮地氣死人嗎？我必須說，現在還乖乖只滿足於玩IG的青少年，雖不能列為十足的乖寶寶，但也算保守派了。

你可能不知道，青少年的網路社交早已踏出可掌握的「網路社區」範圍，轉移陣地到爸媽毫無概念、孩子自己也不熟悉的「網路叢林」裡，大膽開疆闢土了：Tinder、Goodnight、探探、Grindr、Paktor、JustDating、SKOUT、WeDate、WeTouch、SweetRing、WooTalk 吾聊、Zenly（俗稱冰棒）以及 iPair……

以上稀奇古怪族繁不及備載。這些正是時下年輕人十之八九會玩的交友軟體，也是新世代在「虛擬」世界裡刺激、隱密、多姿多采的「真實」社交世界。如果爸媽對這些名詞完全沒概念，那我必須說，你已經嚴重脫節，得趕快補課、趕進度了喔。

每個交友軟體都像是精心打造的俱樂部、網路咖啡廳，匯聚了眾多飲食男女、寂寞芳心、好奇寶寶，無論是真心想交朋友，或只是寂寞空虛覺得冷，林林總總的交友軟體裡，環肥燕瘦、生張熟魏，隨時都有百種人在線上熱情的呼喚與呼應，即使不出門也能快速配對、宅在家裡廢男腐女都能找到浪漫。

青少年早就跳進我們跟不上也追不到的網路社交角落裡，千奇百怪的交友軟體任他們體驗與進出；爸媽還以為「潛潛水」就可以明查暗訪、掌握孩子的數位動態嗎？在交友軟體世界裡，爸媽可是連想潛水都不知道要跳進哪個大海哪條江，孩子進入社交軟體裡的私密配對與對話頁面中，就像在這偌大的世界裡開了間私密小房間，沒人知道他的下落。

實體生活圈裡都是再熟悉不過的人事物，對於喜愛冒險獵奇的青少年來說毫無新鮮感，能闖進完全陌生的網路地盤，就彷彿當個背包客浪跡天涯，任意體驗各種奇妙的際遇，這絕對是渴望獨立自由的青少年難以抵抗的誘惑，特別是周遭朋友都是玩家時。

我問家裡的小子們有在玩嗎？大二的小子說，當然有，而且很多同學都有玩，他大約每週也會玩個一兩次；高中小子則回答沒有玩，因為忙讀書和社團，根本沒時間，但是時下稍有人氣的交友App他都聽過，因為很多同學都在玩，會跟他分享，對高中生來說非常普遍。

好奇、寂寞無聊之下的交友暗黑選擇

到底有多少青少年玩交友 App？根據兒童福利聯盟的調查，二〇一八年就有超過三成七的兒少曾使用過交友 App，而且比例逐年增加。你可能也不知道孩子有沒有下載吧？

交友軟體都有篩選配對機制，雙方互相喜歡才有配對的機會。一開始用戶大部分僅止於聊聊天，聊得來才會進展到見面、約會與交往。對已成年者而言，若是謹慎挑選對象，並且真心當一回事，有些高品質的社交 App 確實是貼心周到的「網路媒人婆」，對於社交受限的適婚者來說，真是交友神器。

交友 App 推陳出新，競爭相當激烈，為了區隔市場也為了開拓客源，功能愈來愈多，有的 App 可以直播，有的可以辦私人約會、辦多人活動，有的則透過聲音來互動（為了避免廣告嫌疑，我就不一一點出 App 的名稱），每個功能的設計除了增加玩家的趣味感，更是以「促進彼此更深的理解」為目標，出發點都是正面的。

不過，有的 App 也已成為網路江湖上盡人皆知的「約炮神器」，頁面上提供了非常婉轉、但用意大膽又直白的約會選項，如「按摩」、「短暫浪漫」，有心的玩家都心知肚明、各取所需。青少年若是好奇，再加上寂寞無聊，沒有人知道他們會做出什麼衝動的暗黑選擇。

兒盟調查發現，有使用 App 的兒少之中，就有百分之十三・四曾被要求要成為情侶，有百分之六曾被要求要提供裸露的照片或影片，甚至「去旅館」或「當炮友」等「限制級」要求。

我們爸媽的青春年代流行的是「筆友」，兩個陌生人在不知名的天涯兩角紙筆傳情、互訴心曲，這樣既古典又神祕的漫長鋪陳過程，恐怕是現在年輕人無法想像也無法忍受的。GPS定位系統讓大部分的交友App能清楚顯示每個朋友的位置，精確計算出彼此的距離，甚至顯示一公里內的朋友有哪些，這讓聊得愉快又剛好在附近的網友更有見面的動力。如果聊得投緣，又發現對方就在隔壁巷子、轉角的社區，一鼓作氣約出來見面也很符合人性。

「顯示距離」真是貼心又進步的設計，但是，對於判斷力不足又衝動的青少年而言，卻相當危險。「聊」或「撩」得天雷勾動地火時，沒人能替他們踩煞車。

根據兒福聯盟二〇一八年的研究，「使用過交友APP的青少年」之中，有百分之十八．八曾和陌生網友單獨外出過，而「沒有使用交友App的青少年」只有百分之六．六曾和陌生網友單獨外出。而分析近十年五百多位離家的兒少個案，因為「網路交友」而離家的案件就占了百分之二十四，且數字仍在逐年攀升。

灌輸「網路交友安全守則」永遠不嫌早

什麼樣的青少年特別喜歡玩社交 App？兒福聯盟的研究顯示，在現實生活中，和家人關係疏離，學校人際關係較差、容易和別人起衝突的青少年，最容易沉迷於網路交友，透過對他們不熟悉也不排擠他們的陌生網友來取得快速的慰藉。

而為了滿足自己的空虛寂寞及找到成就感，他們更容易嘗試新奇的網路約會方式，也更容易受到網友的各種誘惑，增加被性誘拐、性侵、被詐騙或離家的機率。但這不代表家庭幸福溫暖、人際關係不錯的孩子就完全不碰交友軟體，因為好奇、想製造同儕的話題、炫耀、想跟上流行，所有青少年都可能躍躍欲試。

大部分的交友軟體都規定十八歲以上才能使用，不過青少年都知道，年齡規定都是玩假的，各家交友軟體大鳴大放，爭相爭取最多用戶，只要青少年沒在怕，軟體公司也就不怕罵，讓青少年虛報造假任意進出已是常態。

二〇一九年消基會抽查了在台灣最受歡迎的十五款交友軟體，發現多數都沒有機制阻擋未成年人註冊，青少年很容易就能謊報年齡申請。消基會還發現，交友軟體裡充斥著約炮、援交等色情內容，業者根本不禁止，青少年毫無設防，都會接觸到這些內容。

既然有年齡限制，爸媽絕對有權也必須監督。但真實狀況是，爸媽永遠無法做到滴水不漏的監督與防堵，因為這些軟體的設計就是要保障使用者能自在放心大膽私密地交朋友、談戀愛，和「公開寫日記給大家看」的臉書大不同。因此，監督防堵之前更重要的是：不間斷地灌輸網路安全素養。

爸媽可以用真實新聞事件和孩子討論網路性侵、勒索、網路失蹤問題。涉世未深的青少年真的不知道這個社會上有壞人、有怪人、有瘋子、有變態；即使知道，青少年也普遍認為，那些騙色騙財的衰事不可能降臨在他們身上。要讓他們打從內心自覺有必要築起危機意識，就要讓他們眼見為憑，找一些氣氛不錯的時機，見縫插針，一起討論血淋淋的真實案例，引起他們的好奇心，才有機會讓他們思考怎麼避開衰人衰事。

另外，如同灌輸「交通安全守則」一般，爸媽應努力植入「網路交友安全守則」成為孩子的「基本常識」：

- 不開啟ＧＰＳ定位功能，不暴露所在位置
- 不輕易透露個資
- 不輕易傳送自己的照片；任何狀況下，絕不提供清涼隱私照或影片
- 絕對不和網友有金錢上的往來
- 務必經過長時間的網路交誼過程才考慮約見面，務必徹底掌握對方的身分、年齡、個性、家庭、學校等個資
- 無論覺得對方多麼值得信任，只要相約見面，絕對要避開隱蔽的房間、偏僻的地方、住所、巷弄、ＫＴＶ、ＭＴＶ；要約在人多的餐廳速食店等公共場所、公共交通工具可抵達的地方
- 穿著以中性、不暴露為宜
- 第一次和網友見面，不要單獨赴約，最好先參加網聚，或找伴陪同，出門前務必將對方的相關資訊告訴父母或信賴的朋友
- 絕對不同意對方突然改變見面地點，特別是改到偏僻隱密的地方
- 見面時發現對方不是一個人，一定要藉故離開
- 離開座位再回來時，絕對不食用原來的飲料與食物

- 不搭乘對方的交通工具回家
- 絕對不續攤
- 身上務必攜帶防狼用品，如噴霧器、辣椒水等
- 相信自己的直覺，如果一見面就覺得怪怪的、毛毛的，就應該藉機離開

以上這些安全守則不是寫給爸媽看的，所以爸媽們背得再熟都無濟於事。最重要的是，我們應該比照灌輸交通守則、基本道德一般，找機會提醒、叮嚀，讓這些安全守則內化到孩子腦袋裡、行為中，成為基本素養，就像吃飯前會洗手、睡覺前要刷牙一樣根深柢固的建立習慣。

事實上，除了宣導教育，防堵也是必要的動作。不過說到扮黑臉、當警察，科技真的比爸媽修養好、功能強、效率高，如果在一開始給孩子手機時，爸媽就懂得善用科技，如 Family Link、iPhone 的家長模式（請見一七三頁）管理孩子的手機，自然能提供給孩子一個相對安全的網路環境，因為科技管理工具會按照年齡設下限制，孩子根本無法接觸到超齡的 App；同時，還會顯示孩子使用了哪些軟體，孩子要下載新的 App 之前，也需要經過父母的同意。

此外，爸媽一開始也要和孩子約定好：禁止關起房門滑手機。爸媽其實偶爾也要賊賊地偷瞄一下孩子的螢幕，大約掌握一下孩子在手機上做些什麼事，你說這很不道德？現在的孩子都躲在網路上生活，也沒有成全我們爸媽合理地參與監督之責，爸媽也是逼不得已啊。

不過，還是老話一句，如果我們給孩子一個放心自在的家庭氛圍，親子關係親密，孩子有充分表達的自由與空間，他們絕對會大大放下戒心，爸媽也不必常常當賊啦。

Q28

國中生自己都搞不定，戀情短命只是剛剛好？

不論爸媽多麼不看好青少年的戀情，
即使再短命、再幼稚可笑，都絕對不要瞧不起他們。

從大人的角度來看，荷爾蒙衝腦、大腦還在接水接電狀態的小屁孩連自己都搞不定，哪有能力談戀愛？但根據兒福聯盟二〇一四年的數據，四個兒少中就有一個曾經或正在交男女朋友，且有超過三成兒少巴望自己能譜上一段戀曲，且比例逐年增加。大人總認為國中生談戀愛，不過是小孩穿大鞋、一切是兒戲，但他們談起戀愛卻像山洪暴發般驚天地、泣鬼神，絕不容世人輕蔑與笑話。

二〇一八年，就發生一對小戀人跳樓殉情的悲劇。板橋一對十四歲的班對，因為都迷戀動漫而成為戀人，無奈雙方家長都非常明確表達反對之意。這對情竇初開的小情侶按捺不住情愫，只好轉為地下情，透過通訊軟體繼續偷偷交往，但因為承受不了外界的壓力，相約跳樓自殺。

同年，一個九年級的男學生疑似向心儀同校女生告白遭拒後，心情一直很低落。雖然朋友們從旁規勸與打氣，他卻鑽牛角尖，回家之後從頂樓跳下身亡。

從這兩個例子可以理解到，青春期孩子談戀愛，不論動機是什麼，他們幾乎都會自認是非常認真的。但是，不論是戀情受阻，或是被對方拒絕，甚或情路上的忽熱忽冷、跌跌撞撞，從他們不知所措、激烈極端的反應方式來看，大人絕對只會更加證明一件事：國中生完全不適合、不應該談戀愛。在「問世間情是何物」這道進階題之前，大人可能會先嗤之以鼻，要他們「先問問自己是何物」吧。

亂槍打鳥型的國中生戀情

國中孩子對戀愛的認知與大人有很大的差距，到底誰對誰錯？來看網路上幾個國中小情侶的海誓山盟吧：

「現在我只要有你就足夠了，今生今世我愛你！」

「親愛的，今天是你離開的第二天……我會在這邊乖乖等你回來，我會#一輩子不離不棄，我會愛你一輩子！」

「不論你跟我說多少次要分手，不會答應就是不會答應，愛上了就要負責到底，#水婆　#愛你　#負責任　#一輩子的承諾」

還有含著淡淡哀愁的小清新風格也很流行：「一直一直、說好的永遠呢？」

「今生今世」、「永永遠遠」、「長長久久」、「愛你一輩子」是國中生網路放閃基本款，似乎動不動就老氣橫秋地發狠誓，氣壯山河、至死方休，不過臉書粉絲專頁「靠北工程師」的一篇貼文，卻狠酸談戀愛的國中生都有「非常奇特」的時間觀念：

「常看到國中妹子交往時用愛你一輩子、永遠不分開，結果一週就分手。」

「說要永遠在一起，結果連畢業旅行都還沒去，就先撕破臉惹……」

「朋友也一樣，前一天還是一輩子的好姊妹，後天馬上就翻臉……」

國中生的戀情到底能維持多久？我從不少國中生以及輔導老師蒐集到的簡單情報顯示：國中生的戀情普遍短命。

一位輔導主任跟我分享：「國中生談戀愛很多都屬『亂槍打鳥』型，先物色幾個覺得帥的、漂亮的、對眼的，當成口袋人選，然後一個一個告白，誰願意點頭，就對外宣稱是『老公、老婆』了。因為彼此根本不了解，也不知道適不適合，還沒開始交往，就認定了對方，對怎麼經營感情也毫無概念，所以沒幾天就吵架、劈腿，偶像劇的觸電浪漫感幻滅，然後就ㄘㄟˋ了。」

「有的才交往兩週就變仇人，能維持半年就算穩定了。」

我家小子們也常主動分享，誰誰誰很花，一下子交這個、一下子交那個，然後分分合合，「超級無敵亂的！」

早摘的橘子新鮮亮麗，卻青澀酸苦

國中生到底適不適合談戀愛？先來看刊登在美國青春期研究協會的期刊 *The Journal of Research on Adolescence* 的一個研究調查。

喬治亞大學的教授歐普納斯（Pamela Orpinas）分析來自七所學校、六百二十四位學生，發現：從國小、國中就開始談戀愛的學生，最後輟學的機率是其他學生的四倍；喝酒吸菸的機率，也是其他人的兩倍；而約會次數最少的學生，學習成績相對較佳，常與男女朋友約會的學生，相對成績最差。因此她認為：中學生談戀愛，其實並沒有必要。

歐普納斯指出：「學校班對和成人的辦公室戀情不太一樣，班對分手之後，每天還是得在學校碰面，更慘的是，如果知道前情人另結新歡，當事人很容易情緒波動，影響到學習。青少年面對分手還不懂得如何處理與調適，所以會藉由吸菸或喝酒來排解煩惱。」

研究青少年戀愛的學者尼德和克倫格（T. Nieder & I. Seiffge-Krenke）也曾提出：「面對眾多全新的挑戰，導致青少年戀情維持的時間較短、對象轉換較快，但感受到的痛苦也格外強烈。」

看來，國中生無論生理心理都還在「暖機」的狀態，當然不是「開機」的好時機。因此，我個人誠實且明確地認為：國中生並非適合談戀愛的好時機。

國中國文課本曾收錄一篇〈酸橘子〉，作者琹涵把早戀比喻成早摘的橘子，外表新鮮，入口卻青澀酸苦，就像是成長中的青少年，不必急著追求愛情：「……水果攤上陳列出來的橘子仍然透著青綠，我不免有點兒懷疑：它們會甜嗎？繼而又自以為聰明地解說：青綠的，才新鮮哪。……由青澀轉為成熟，是需要時間的，何苦勉強攀摘？那定然不甜的果子又有什麼好滋味呢？讓我們靜靜等待屬於它芳醇甘美的一日。」

機會是給準備好的人，但是當愛神提前來敲孩子心門時，父母的確必須更悉心陪伴孩子。

青少年身心都還沒準備好，為什麼急著談戀愛？

如果把青少年的情感需求比喻成一個杯子，裡面裝著三種成分：親情、友情與愛情，正在獨自探索的他們，需要飽滿的「感情杯」給予澆灌與滋潤。要是杯子裡的親情、友情分量夠多，其實，不少國中生對愛情就僅止於嚮往與憧憬，並非一定會採取行動；但是，如果杯子裡的親情不足、友情也乾涸，他們便可能轉向「愛情」來加好加滿，而且還會不斷續杯。

因此，許多研究都一致顯示，家庭緊密度低、家庭功能不完整、人際關係較疏離的青少年，早戀的比例較高。缺愛的孩子會自己去找愛，猛烈的愛情能同時滿足身與心，當然是青少年找愛最快速見效的特效藥。

但是，並不能因此就斷定「早戀的孩子都是因為缺愛」。偶像劇和動漫處處催化、跟著同學趕流行、長得太帥太美桃花不請自來……等，都很容易讓孩子成為愛神的箭靶。

有好幾個談戀愛的國中生直截了當告訴我，談戀愛的理由就是「為了炫耀」。一個成績中等的小美女煞到一個學霸才子，勇敢表白後一拍即合，女孩說：「能當學霸的女友別人都超羨慕！」男生則說：「全校男生都暗戀的校花被我電到，超屌。」

國中生乃至高中生談戀愛成績一定會退步？在比例上當然占多數。但是，確實如我在《家有青少年之父母生存手冊》裡舉的例子，也有成績較差的一方因為怕配不上對方，反而急起直追，成績大幅提升。前述的校花毫不諱言：「我的學霸男友就是我的家教，成績反而進步了，所以我爸媽不反對。」

無論中學生談戀愛的理由是什麼，只要進入了戀情，青少年都覺得自己是很認真的，非常痛恨大人嗤之以鼻。學者舒爾曼和夏爾夫（S. Shulman & M. Scharf）提出：「中學生也能和成人一樣，在戀愛中感受到親近及彼此的照顧。」所以，不論爸媽多麼不看好青少年的戀情，即使再短命、再幼稚可笑，都絕對不要瞧不起他們。

愛神來了擋不了，父母當然需要「超前部署」，不要愛到用時方知少。我從生理、心理、學習、時間分配、人際發展等各角度客觀分析，讓孩子知道自己的發展狀態，這樣他們就能充分理解為什麼媽媽不太贊成國中生談戀愛了。有了理解的基礎，我再提出我的期望：如果可以，國中階段最好不要交男女朋友，高中開始比較好，當然大學會更成熟。但是，如果孩子國中就交了女朋友，媽媽我絕不會刁難阻撓，孩子可以放心大膽地讓媽媽知道。

我家小子有沒有人中學談戀愛？當然有。但是，真的慶幸，我雖然不是第一個知道，但也不是最後一個知道，而且還光榮地排在前三名。孩子們敢放心告訴爸媽，爸媽才可能真正的放心。

我也直接開出談戀愛的必要條件：

‧要告訴雙方家長，彼此都要認識

‧要一起成長、彼此激勵、一起進步，不可以一起墮落、一起退步

‧遵守約會時間與原則：準時回家。不關門、不脫衣、不躺下

‧看重自己、尊重對方，不為對方過度犧牲，不讓對方委曲求全。保有自己的人際網絡與興趣空間

‧爸媽永遠是最安穩的港灣，發生任何問題、有任何疑惑，請都大膽放心來倚靠

不會把肚子搞大的完美情人

最後，再跟真的很擔心的爸媽分享一招。少年情懷總是詩，每個青少年心中都有一首獨特美麗的情詩，就算沒有對象可朗讀傳情，他們滿懷的浪漫能量也不會憑空消失，青少年總是需要一個能接收滿滿愛戀的出口。

於是，很多青少年乾脆把愛情打包送給一位一百分的情人，那就是能滿足所有浪漫憧憬與唯美想像的偶像明星。只要愛戀有了出口，孩子每天都能沉浸在幸

福的氛圍裡，而且，這位完美情人絕不會鬧分手、不用擔心對方劈腿、更不會把肚子搞大。

爸媽們，請給懵懵懂懂、尚在混沌狀態的青少年追星的自由吧！那應該是你們最能放心的戀愛出口了。

Q29

我這麼愛你，你怎麼可以不愛我？

戀愛這門課的學費是青春歲月、真愛與淚水，孩子失戀，是自我毀滅的開始，還是躍進式大成長，端賴爸媽的智慧引導。

這幾年常常聽到年輕孩子追求對象不成或是被迫分手而釀成恐怖情殺事件，愈來愈多孩子禁不起被拒絕的挫折，最後「愛你愛到殺死你」。幾年前，某大學一名大三男生追求學妹屢屢遭拒，學妹不堪其擾，甚至曾到警局備案，男方依舊不死心天天跟蹤。某天趁學妹進教室前突然拿出水果刀朝學妹喉部砍殺，造成學妹頭、頸、耳朵多處受傷。

同年還有另一起因感情糾紛而起的潑酸案，一名某大學張姓畢業生，跑到另一所大學宿舍前，找還在研究所就讀的謝姓學生談判，爭執中張男竟然把預藏的硫酸拿出來潑灑，傷及無辜的女保全及另一名學生，接著，更持水果刀追砍謝男六刀，最後自刎身亡。原來張男和謝男曾是同志情侶，分手後張男想挽回，謝男卻刻意疏遠、避不見面，讓張男心生情殺念頭。

戀愛不僅要練愛，還要練不愛

幾乎每年都會發生驚悚的學生情殺事件，這是因為學生時代的戀情十之八九都是無言的結局。因此，在戀愛這堂課的第一課「『練』愛」之後，還有必修的第二課「練『不愛』」，而且後者一點都不比前者簡單。青春期階段的人生任務就是在尋求被認同與自我價值，因此，青少年特別難消化被人否定的情緒，尤其是被自己心愛的、百般付出的人所否定與拒絕，彷彿被人重重賞了一巴掌。他們懵懂大腦的解讀是：

被拒絕＝失去自尊＝沒有價值

集寵愛於一身的少子化這一代，「被拒絕」的經驗值嚴重不足，在他們十多年的人生經驗裡，根本不存在這種可能。他們心中的愛情劇本通常如下：

因為我很愛你，所以你不可能、不可以不愛我。

因為我用心追求你，所以你必須回報我。

因此，青少年爸媽絕對要修習這門課——如何陪伴孩子走過分手路。否則，看到孩子失魂落魄，爸媽也跟著茶不思、飯不想、睡不著，罹患「家有失戀兒之父母症候群」。以下就分享幾個陪伴技巧：

想哭就哭，陪孩子慢慢退出愛的圈圈

看到孩子失戀，整個生活變調，沒有爸媽不心急，怕他們書讀不下、成績一落千丈，更怕孩子想不開做傻事。我們都知道，分手是非常痛苦的事，特別是初戀，爸媽絕不可能看到孩子立馬變回一條好漢。我們要寬容與等待，給孩子一段時間來緬懷與處理彼此的關係。

每個孩子面對失戀的反應不同，有的會絮絮叨叨、一直找人訴苦，那麼爸媽就默默傾聽；有的喜歡躲起來靜靜療傷，那麼爸媽就靜靜陪伴與觀察。只要孩子還能正常吃喝與作息，通常時間都能治癒失戀的傷痛；但如果形容枯槁、茶飯不思超過一兩個星期，就要特別留意是否有尋短的念頭，必要時尋求專業的諮商。

如果家夠溫暖，爸媽值得相信與依靠，大部分傷心的孩子都願意回家討拍。能抱著父母哭的孩子，就絕對不用擔心，因為他們最不堪的一面都不怕被爸媽看到了，那麼最深的傷痕也絕對願意攤開讓爸媽幫忙撫平。

陪著孩子哭、靜靜聽他說，給他溫暖的擁抱、準備他特別喜愛的食物與溫馨有序的家園，這些就是失戀孩子最穩固的救生圈。

在孩子慢慢平復的過程中，有一件事情非常重要，那就是要平和溫暖地引著孩子取消對對方的網路關注，建議他刪除親密照片、暫時關閉好友關係，以免來回咀嚼，愈陷愈深。

陪孩子恨對方，不如陪孩子愛自己

關於分手，最大的功課就是學習「不恨」，但是，被甩的一方真的很難沒有怨、沒有恨。此時，當然希望有人相挺，如果身邊的親朋好友能成為失戀陣線，一起痛罵對方，當然大快人心。但如果爸媽只會陪著孩子罵，那麼最後會發現愈罵就愈恨，不僅怨氣消不了，業障更會重演。

因為孩子被甩，自尊心損毀，就會卡在自己很不OK的地方，重複播放。此時，爸媽最需要做的，就是把孩子從「自我否定的坎」拉出來，挪開他眼睛的業障，重新看到自己OK的地方。

這是個重建自尊的工程，失戀的孩子都可能像被戳破的氣球，否定自己、一蹶不振。從外表到個性，從能力到品格，找機會讓孩子看到被自己遺忘的優點。自尊健全的孩子，才可能打從心裡真正尊重別人的決定，而不會把別人的拒絕當成自己的失敗。

失戀要交作業：學到什麼更重要

等到孩子慢慢走出情傷，能比較平靜地面對過去的戀情時，可別忘記最重要的事情——要引導孩子思考，從這段戀情中學到了什麼。談戀愛不僅是學習和情人的相處，更是徹底理解自己、改變自己、提升自己的轉機。

有一個國二就開始談戀愛的高中女孩跟我分享，她外向開朗、對誰都很熱情，但是男朋友卻嫌她有如「中央空調」，抱怨她對待別的男生和對待他沒啥太大的差別。這種「博愛精神」讓個性比較內斂安靜、朋友不多的男朋友相當沒有安全感。交往期間常為此吵架，分分合合好多次，後來上了不同高中，男孩疑心更重，醋勁大發時幾乎都快動粗，女孩終於痛定思痛決定徹底分手。

事過境遷，女孩才發覺，她不適合和這麼黏踢踢的男孩在一起，最好兩人都有自己的社交圈，可以各自發展，但彼此信任。因此，當她投入下一段戀情時，她對什麼樣的人適合自己已有定見。而回頭審視這段戀情，她也才醒悟到，自己要學著拿捏好對待「一般男性朋友」和「男朋友」的分寸，才能避免彼此猜疑。

什麼樣的人格特質更適合自己？怎麼提升情侶相處的技巧、避免忌諱？既然交了學費——戀愛這門課的學費是青春歲月、真愛與淚水，可比金錢更加寶貴，當然要學到真工夫。

「分手」是「練」愛過程中最高密度、高強度的總複習課程，還沒弄懂的部分必須學得透澈；本來看不破，必須都看透；本來不甘不願，最後願賭服輸，因為心智、個性、溝通技巧已經更上一層樓。

爸媽們，孩子失戀，是自我毀滅的開始，還是躍進式大成長，端賴我們智慧的引導。

感情空窗期，親子加溫期，舔傷口不如樂生活

經歷失戀的孩子，可能會出現一段不想談感情的空窗期，過去把時間都奉獻給情人，現在則因為爸媽的陪伴而多了珍貴的親子時間。與其每天留在原地自怨自艾、舔舐傷口，不如帶著孩子轉移陣地，換個時空、換個念頭、換個活動，那麼想不換上新的心情也很難。漸漸的，改頭換面，又是好漢一條。

慢跑、游泳、彈琴、烹飪、小旅行、大出遊……，帶著孩子從他願意做的小興趣開始，慢慢拓展、拉長時間、慢慢走出消極、走向積極。失戀將如同一片大烏雲，愈離愈遠、愈來愈小、愈來愈模糊，最後，雨過天晴，揮揮衣袖，不帶走一片雲彩。

Q30 超出青春戀曲的尺度怎麼辦？

男孩女孩性生理、性心理發展歷程完全相反，因此，教導青少年學習身體界線的拿捏掌控，是必要的基本功。

爸媽都是過來人，知道一談起戀愛，一二三壘是連鎖反應、骨牌效應，有了一就會想要二，有了三就想朝思暮想衝到本壘，那是生理的自動化設計。要心如止水？要勇於拒絕？大人都難坐懷不亂，何況是青少年？要女孩有分寸，若真的情境對，還真的不一定是「口是心非」，有時可是「口非心是」、弄巧必成真。於是，乾柴烈火、飛蛾撲火，嘗過了，擱（哥）再來！

只要是動物，都會有身體接觸相互安慰的需求和本能，媽媽撫慰嬰兒、好朋友互相擁抱、擊掌打氣，情人輕撫臉頰、主人順順小狗小貓的背毛，都能讓生物感受到被珍視、接納的歸屬感。

因此，並非所有的身體接觸都是性暗示，很多時候肢體接觸只是情感的連結與關懷。青春期的女孩下意識的碰觸，如拍肩、開玩笑時打一下手臂，那巧笑倩兮、那美目盼兮，就足以讓剛開始對性與愛產生好奇的男孩神魂顛倒、自陷誤區。

而睪固酮飆到人生最高峰的青春期男孩，對愛情的認知與發展和女孩大異其趣，這個階段的男孩是荷爾蒙生物，對愛的憧憬與想像比較集中在「性」的發展，和女孩著迷於偶像劇裡的浪漫元素，可說是愛情裡兩種不同調的生物。

女孩為愛而性，男孩以為性就是愛？

以性生理、性心理發展的角度來看，女生大約在青春期會先發展性心理，也就是腦海裡淨是欣賞與依戀的浪漫元素，在幻境裡演起偶像劇，直到成年，性生理的需求才更顯著；男孩則完全相反，男孩在青春期因為睪固酮的作用，性生理的發展非常鮮明，所以對「愛情動作片」恐怕興趣更高，大腦往往誤導他們把愛情簡單化，以為「性愛＝愛情」，直到三十歲以後，男性的性心理才慢慢開展。一個滿腦子憧憬著「好好揮棒、來個漂亮舒暢的全壘打」，另一方則憧憬著「偶像劇裡的花前月下、牆角壁咚」，男孩女孩在性生理、性心理上的發展如此矛盾，因此，學習身體界線的拿捏掌控，是必要的基本功。

動物學家莫里斯（Desmond Morris）製作了一個「親密關係十二階段表」，對於男女兩性身體界線表定得十分清楚，爸媽有必要和青春期孩子好好聊聊這個尺度課題，特別是正在戀愛的孩子，讓他們清楚理解自己所能掌握的身體親密程度，並且要理解整個過程恍若骨牌，只會不斷往前推，不會回頭走。

1. 眼望全身（Eye to body）
2. 互相注視（Eye to eye）
3. 聲音傳達（Voice to voice）
4. 牽手（Hand to hand）
5. 摟肩（Arm to shoulder）
6. 摟腰（Arm to waist）

7. 臉的接觸，包括接吻（Face to face）
8. 手和頭的接觸（Hand to head）
9. 手和身體的接觸（Hand to body）
10. 口到胸的接觸（Mouth to breast）
11. 手和性器官的接觸（Hand to genital）
12. 性交（Genital to genital）

這十二階段略分為四大部分。一般說來，與「一般朋友」的關係在第一層（第一至三階段）；第二層（第四至六階段）已進入「戀情」狀態。第三層（第七至九階段）進入「愛撫」，也就是前戲；第四層（第十至十二階段）則是性行為。

幫助青少年控制「球速」打延長戰

要讓孩子清楚知道，青春期男女關係至多到第六階段，已經是極限。從第三層的第七階段（臉的接觸，包括接吻）開始，就很容易讓人失去理智、被生理的衝動所劫持，已超出青春戀曲的尺度。

女孩從抱抱親親到性欲被勾起，是遙遠而漫長的一段路。但她們可能不知道，如果進展到第七階段接吻，特別是熱吻，男孩就容易退化成肉欲之獸，這會讓他們的腦袋集中火力直想一路衝到最終，一發不可收拾。從第七到第十二階段，男孩的生理推展薄如一張紙，欲力強勁，若是箭在弦上，卻被女孩拒絕，理智的分身不斷跳出來要他們No，這將是非常殘忍痛苦的一件事。

因此，對於戀愛中的青少年，請盡可能幫助他們停留在第二層，也就是第四至第六階段打轉，打延長戰，最極限也只能到第七階段接吻，並且點到為止，過於熱烈的擁吻，男孩很難控制性衝動。

除了前述，一定要找機會讓孩子了解性行為可能的後果之外，減少觸發媒，也就是要擋掉環境與情境的煽風點火，這可是相當重要。好比在球場上，想打個全壘打，也是需要天時、地利與人和。爸媽只滿足他們「人和」的條件就好，若是時不我予、颳風又下雨、礙手又礙腳、狗仔眼線多，再怎麼樣的自由變化球，也不可能一飛衝天，就讓球多多停留與打轉吧，爸媽還是得巧用心機。

讓孩子告知行蹤、確實遵守回家時間、叮嚀在公共公開的場所約會、不允許過夜，這都是絕對必要的家規。

另一個我自己體會到的必要心態是：爸媽都要當不動聲色的狗仔，處處布線、但不說破。我常常接到很多來自「線民媽媽」好友回報給我情資，讓我能充分掌握孩子的「球速與進度」。而這些銳利狗仔線民也都是孩子好朋友的媽媽，所以走在路上、校園裡，戀愛中的孩子多了幾分理智與節制，多少都會顧及形象、知所進退。

不過，天時、地利也有碰巧都很和的時候，連牛郎織女每年都要突破重圍在鵲橋相見，熱戀中理智通常不太是荷爾蒙的對手，青少年絕對會想辦法創造屬於自己的「七夕」與「鵲橋」，喬好「天時」與「地利」。性行為的安全防護措施、保險套的使用，絕對不是船到橋頭自然直，到時候再說。若孩子真的在熱戀中，爸媽是教育與提醒孩子的當然人選。

Q31 新一代青少年會做愛，但不會談戀愛？

爸媽別害羞！跟孩子談「性」說「愛」，是現代父母必要的功課，孩子知道的愈多，態度反而愈謹慎保守。

爸媽不支持青少年談戀愛，除了擔心影響成績，更怕他們很快就滾床單去了。根據國民健康署二〇一七年的調查，約有百分之九．二的高中職、五專生曾發生過性行為，而其中沒有採取避孕措施的比例竟高達百分之二十二．六。

愛神來了擋不了，青少年荷爾蒙衝腦，爸媽只能兩手一攤。然而，荷爾蒙要能衝破一切，還要有多種觸媒同時發酵：花前、月下、燈光美、氣氛佳；月朦朧、眼朦朧；乾柴烈火、昏頭轉向；爸媽不在家、燈泡不夠亮；一二三壘早滿壘、直奔本壘全壘打。只要有一個條件不成立，就算床單鋪滿玫瑰花也滾不起來。所以，要阻斷青少年的激情電流不難，想辦法拿掉以上一個條件就好。

- **花前月下小包廂？**↓那就約在車水馬龍處散散步，麥當勞也很不賴
- **燈光美、氣氛佳？**↓最好打開天窗（或是電燈）說亮話
- **月朦朧、眼朦朧？**↓不，還是要在門禁敲鐘前回家
- **乾柴烈火、昏頭轉向？**↓爸媽常耳提面命，強力表達娘親不想提早當阿嬤
- **爸媽不在家、電燈泡不夠強？**↓爸媽要會演穿透劇，常常來個出其不意；或是，人雖然不在卻能讓孩子感覺到爸媽的存在
- **夢想直奔本壘超前進度？**↓不，爸媽一定要超前部署，讓孩子身體界線有概念，知道循序漸進的愛才能長久

以上條件，大概分為「性與愛認知的建立」及「情境觸發因子」，若能雙管齊下，及早動工、適度管控，其實要讓孩子有知有覺地避免過早發生性行為，並非難事。

寶貝啊，我們不想提早做阿公阿嬤

「有愛的性」不容易膩，「有健康的性的愛」更甜蜜，愛與性是循序漸進的。但是，樹德科技大學人類性學研究所於二〇一八年針對彰化地區大學生進行了「一夜情態度和性行為」的調查，一千兩百四十四份有效樣本當中，有一百位大學生曾經有過「一夜情」的經驗，占約百分之八。其中，男生占了七成，女生占三成。而令人吃驚的是，其中，只有三分之一在嘿休時有「穿雨衣」。

以上可以看出新世代的戀愛觀念大翻轉，有愈來愈高比例的年輕人「只想做愛、但不想談戀愛」，甚或可能「只會做愛、但不會談戀愛」。另外，更驚人的是，他們做愛做的事情時，自我保護的意識可不如爸媽想像的成熟與周到。

爸媽可能會過度災難化孩子的性衝動後果，偏偏年輕人老覺得「冤大頭」、「倒楣鬼」永遠是別人，自己不會那麼衰。荷爾蒙衝腦時，他們大腦裡靈長類的功能就會神奇消失，只剩衝衝衝。

看來，青少年大腦裡面所儲存的警惕畫面威力不夠，爸媽該不該板起面孔、似笑非笑、似求非求、半帶恐嚇地說：「寶貝啊，我們不想提早做阿公阿嬤喔！」

當然應該，就算耳提面命也不為過。但這樣威力夠不夠？當然不夠。因為這種表達方式，青少年所接收到的訊息是「爸媽只剩威脅這一招」，而無法在腦海裡憑空想像未來的災難畫面。

親子一起看新聞聊時事時，爸媽不妨多提一些小媽媽、小爸爸的真實故事與心路歷程。讓他們親自聽到這些提早背負人生重擔的過來人，日子過得多麼辛苦。同學還在讀書遊戲、伸手要錢，他們睜開眼就要掙錢養家、閉上眼還甩不開奶娃尿布。激情過後、烏雲不散。

青少年是短暫想像的生物，「未來的鞭子」絕對不是「眼前紅蘿蔔」的對手，他們需要大人幫他們開開天眼，讓他們看看有了孩子之後的具體畫面、具體感受、具體數字、具體壓力：

- **具體畫面：**不小心懷孕了，會發生什麼狀況？看到懷胎十月挺大肚子、沒日沒夜困在尿布奶粉裡，是何種光景？
- **具體數字：**有了孩子，需要買用品、買尿布、買奶粉，請他們算算，成立一個家、養一個小孩，至少要有多少資本？然後，鄭重告訴他們：自己的孩子自己養，就像他們的爸媽一樣。

- **具體感受：**想要和以前一樣，自由自在約朋友哈拉、唱歌、上社群、打電動嗎？除非寶寶有人接手。再三言明：自己的孩子請自己帶，就像他們的爸媽一樣。
- **具體壓力：**當別人都在追求目標、努力向上時，你現在只剩下想辦法養家活口、把孩子肚皮餵飽，夢想丟一邊、未來不敢想。但十五歲的你，肩膀夠厚夠硬，足以承擔責任嗎？請勇敢、果決、大膽地和孩子劃清界線：人生要為自己的選擇負責。

關於性事，知道太多就直接上鉤？

爸媽成長的年代，「健康教育第十四章」是師生集體的大障礙。老師跳過、學生臉紅，自己看著辦。我們總以為時代不同了，性知識是從小教、認真傳授，老師孩子早就有愛無礙、打開天窗說亮話，但是，孩子真的都懂？真的做好準備，保護自己和別人？

這樣想恐怕是高估了青少年了。勵馨基金會的高藝洳督導表示，在他們的服務經驗中，發現未成年者之所以會發生未婚懷孕，多半是因為對性行為有太多未知的想像和理解。比如，青少年很多都心存僥倖：「一次而已，不可能會中啦！」還有不知從哪聽來的偏方：「發生性行為後，只要用水或可樂沖下體，就能殺精。」「男朋友說，不戴保險套，只要不要射在裡面就不會懷孕了！」更有青少年有恃無恐：「吃一顆事後丸就好！」

而且擔心懷孕的少女經常採取「掩耳盜鈴法」，在茫茫網海中只選擇自己想看的資訊，自我催眠不可能會發生「意外」，而逃避用正確方式來驗孕，因而錯過了做其他選擇的機會。

勵馨基金會表示：「少女們並非『不知道』自己懷孕，而是『不想』知道自己懷孕，因此能拖則拖、能逃避則逃避，最後讓生命草草來到世界，又不知該怎麼扛起責任。」

所以爸媽可不能隨自己意願，想跟孩子談就談，不想談就覺得老師會教、孩子自己會懂，更不必擔心「孩子知道太多會直接上鉤、有恃無恐」；相反的，孩子知道愈多，態度反而會愈謹慎保守。這一論點，國內外的研究都得到了相同的結論。把跟孩子談「性」說「愛」這件事，當成父母必要的功課，找機會，提早、適時、適當地傳授。別害羞，真的不會說，就找幾本好的教材先「備課」再說。

「安全性行為」、「如何避孕」、「墮胎」、「性病傳染」都是非常重要的話題。有爸媽質疑，教導孩子使用保險套會不會變成變相鼓勵他們偷嘗禁果？事實上，孩子長大了，我們真的無法微觀監控他們的一舉一動，誰也無法保證孩子在花前月下還管得住原始衝動。如果在那個當口，青少年春情蕩漾，卻連個保險套都沒有，有了也不會用，爸媽們榮登阿公阿嬤寶座的那一天，真的不遠了。

找時間帶著青少年看看他們的未來，不要只管他們的分數功課、就業工作，一個人幸福與否，「感情」絕對不容忽視。在孩子的生涯規劃裡，情感婚姻和就業工作一樣需要看重，生命方可圓融。通常孩子在腦子裡有圖畫、有願景之後，反而顯出清晰的想法，會自願把這個年齡的感情定位在「朋友」層次，有計畫、有步驟。

Q32

愛我就要跟我做？愛你就不該拒絕你？

女孩在戀愛學分中必修的一門課，就是「拒絕的藝術」，而男孩必修的則是「被拒絕的心理調適」。

大人之所以千方百計不願意青少年在性愛一事上太快揮棒跑壘，除了擔心他們不小心「做人」成功之外，過來人都心知肚明，男女一旦突破防線，約會就會變得毫無新意，想的大概都是到床上辦事。

如果用跳舞來比喻約會，最容易入門的是多人圍著圈圈一起跳的「土風舞」，然後慢慢縮小成四五個人一起跳的「歡樂方塊舞」，然後再演進成微笑點頭、彬彬有禮的「紳士淑女宮廷舞」；再來則是浪漫優雅、你進我退、我退你進、轉著幸福圈圈的「華爾滋」，這個階段請跳久一點，因為眼醉心也醉，你眼裡只剩我、我眼裡都是你，戀愛中最美好最讓人回味無窮的都在這個階段。太快跳到「黏巴達」，再美的舞步都不再是重點啦。

青少年懵懵懂懂的戀情，在一次次的相處中，最需要探索的是兩個稚嫩的靈魂，讓彼此更了解對方、也更了解自己，而不是急著探索尚未發展成熟的身體。

前面文章也提到，青春期男孩的「性生理」比「性心理」更早起跑，生理的驅力讓男孩在親密關係上採取主動地位，很容易凍未條就對女孩提出更進一步的要求。在熱戀中的女孩，則很容易想要討好男朋友，或因為缺乏自信，也怕傷了男孩的自尊心，而不好意思說No。愈是沒有自信的女孩，愈容易用身體來取悅男朋友，但愈做卻愈沒了自己，最後連僅剩的一點自尊都蕩然無存。

因此，女孩在戀愛學分中必修的一門課，就是「拒絕的藝術」。爸媽絕對要讓女兒清楚知道，在親密關係當中，若男生是主動出擊的那一方，女孩就是負責把關的「關主」，女生尺度開放有多大，男生多半照單全收，只有更超過，絕對沒在客氣。

家有女孩，一定要教會她堅定溫柔地拒絕

家有女孩的爸媽，必須找機會和她們聊聊怎麼拒絕男孩的親密邀請。如果爸媽自覺不是傳授祕訣的最佳人選，也可以找孩子信任的重要大人來關照這門新功課。青春期的女孩都需要建立的觀念：

掌握身體的自主權，要有自信，珍視並尊重自己的身體

愛他≠迎合對方的要求；拒絕≠愛得不夠

戀愛中的青春期女孩必須要學會的事情：

- **清楚堅定但語氣溫和地拒絕：**如果只是曖昧不明地說：「不要啦！」「不可以！」反而會讓男孩誤會女孩故作矜持、欲迎還拒。這年紀的男孩同理對方的能力薄弱，解讀訊息的角度多從自我出發，所以要教女兒學會發出清楚的訊息，堅定但溫和地說：「我知道你很想要，但我還沒準備好。」

• **學著安撫男友，彼此對親密關係達成共識：**比起女生，男孩通常自尊心更強、更愛面子，被女生拒絕之後就像洩了氣的皮球，甚至對女孩居然沒有心動產生疑慮，還可能惱羞成怒。因此，找機會讓女兒學著怎麼用最適合的方式和男朋友溝通親密關係：

「就是因為我很愛你，所以覺得應該要有更多的相處，更了解彼此的想法和價值觀……」

「跟你在一起很開心，我很愛你，但是我覺得我們這個年紀和交往程度可能還不適合……」

• **清楚告訴男友可以做什麼、不想要做什麼：**身體溫暖接觸是愛很重要的表達方式，效果強烈且直接，特別是愛情。青春戀人牽牽小手、摸摸臉頰、在雨中共撐一把傘，就足以天旋地轉、飄滿粉紅小泡泡。但是任何動作都是「啟動鍵」，會激起更進一步的探索。

「揮棒打擊者」絕對是一心想要進攻，「控球者」則有責任阻斷其「任意觸鍵」的衝動。教女兒好好「包裝」自己的拒絕，先表達自己喜歡的部分，再拋出還不能接受、不喜歡的部分，興致盎然的男孩才不會像被戳了一針的氣球，感覺整個人被打叉叉。

可以教女兒這樣表達：「我很喜歡你摸摸我的頭、碰碰我的臉頰，但是接下去你想碰觸的地方，我還不是很能接受，請你停下來。」

家有男孩，一定要教會他尊重對方

男孩在戀愛學分中必修的則是「被拒絕的心理調適」。我們都希望男孩要學著尊重女性，但是如果男孩根本不了解彷彿來自不同星球的女孩，就很難知道怎麼去尊重女孩。他們很難想像，女孩為什麼要拒絕。他們並不知道，如果女孩覺得還不夠相互了解，或沒感受到被呵護珍視，甚至感受到社會壓力，性事都會像是冬天裡吃冰棒一樣，冷到最高點。

自尊心強、喜歡當主導者、性探索欲望強勁，這使得戀愛中的青春期男孩要花一點工夫才懂得煞車，也才可能煞得了車。耍無賴、霸王硬上弓，反而吃緊弄破碗，把女孩嚇跑。

爸媽需要為青春期兒子建立的觀念有：

性愛≠愛情

尊重並珍視女孩的身體自主權

被拒絕≠對方不愛我

戀愛中的青春期男孩必須學會的事：

• **經營情感比快速跑壘更重要：**願意花時間和女孩相處、找到共同的興趣、彼此深入了解、一起追求成長與進步，才能讓愛情長久。

• **被拒絕的時候，學習去理解對方，並誠心溝通：**願意靜下心來理解對方拒絕的理由，而不是過度解讀成對方否定自己，或是生悶氣、情緒勒索。男孩應該要學會善意且溫柔地回應，讓女生感到安心：「我很愛你，所以很想跟你進一步，但我現在了解你還沒準備好，所以我會試著控制自己。」

- **兩小無猜變成兩小無情？青少年要知法但不玩法：**曾經發生過一個案例，十六歲少年和十五歲少女發生了性行為。女孩的爸媽知道之後，非常憤怒，決定告男孩，但男孩聲稱他們兩情相悅，女生根本沒有拒絕，甚至投懷送抱。男孩以為這樣就沒事，沒想到，法律對於未成年性行為的認定並非這麼簡單，即使是告訴乃論，只要對方事後反悔，而且不論是否出於自願，行為人都必須擔負法律責任，最高可處以七年以下有期徒刑，「兩小無猜」可能瞬間翻臉不認人變成「兩小無『情』」，這是所有熱戀中的青少年絕對要具備的法律知識。

約會形式何其多，穿插變化才有趣

約會的對象通常都是認識的朋友、同學，但這容易讓人毫不防備，尤其是兩人單獨相處，若是對方心懷不軌，根本無法迴避或反擊。所以，青少年男女都應該要具備的約會基本概念是：若還沒有熟透、認識不夠深，絕對不要相約在隱密、偏僻或單獨的空間裡。

此外，青春戀人未必只能跳雙人舞，有時跳跳團體舞，跟著小團體一起活動一起玩，如唱歌、爬山、小旅行、打球運動；有時候則跳跳紳士淑女宮廷舞，參加公開場域的公眾活動，讓彼此行為舉止有一點社會約束力，比如參觀展覽、看電影、聽演講。

約會的形式多樣化，有動有靜；活動的夥伴多組合，團體和兩人穿插，更可以從人際互動中觀察到對方最真實的一面，看對方如何待人處事。老是兩人膩在一起，約著約著，就只能約在床上，不見得一定會碰上約會強暴，而是約會只剩抱抱，最後必定相看兩厭。

Q33 不是可不可以談戀愛，是跟誰談戀愛？

不經一事、不長一智，然而，有些事只要一次便萬劫不復；只可預防、不能輕嘗。

中學生談戀愛不是父母師長說No就擋得了的，也有不少青春佳偶一路相伴，一起學習、一起進步，在學業與人格上都同時成長。所以，問題始終不是「可不可以談戀愛」，而是「跟誰談戀愛」。

父母最害怕小孩遇到三類情人：渣男渣女、玩咖，以及恐怖情人，這些對象注定會帶給青少年超級震撼。最令爸媽擔心的，莫過於人生經驗與智慧非常有限的孩子，可能還無力把震撼體驗消化成人生養分，青春生命就已大崩盤。

二〇一六年聖誕節，新北市一名十八歲許姓男子，因為不滿李姓女友提分手，於是趁著李女來家裡取回物品時，朝她臉上及胸口潑灑大量去光水，接著用打火機引燃火勢，造成李女嚴重毀容、胸部以上三度灼傷、左右耳都缺損，傷處永久喪失排汗功能。

李女在臉書給許男寫下一段話：「你二十八歲出來，還是美好人生，改個名、搬個家，沒人知道你殺人未遂。我二十六歲呢，疤還在傷還在，該有的皮膚和器官回不來，我的世界再也回不去從前的美好，而我之後還要繳著稅，養著燒我的你。」悲痛心聲讓人看了不捨。

許男就是標準的恐怖情人，常常疑神疑鬼、愛吃醋，動不動就暴力相向，李女正是因為不堪被打而毅然決然提分手，沒想到竟遭遇殘酷的火吻。

二〇一五年某科大男大生鼓起勇氣，向學妹告白，沒想到卻遭到學妹以已有男友為由拒絕，還嗆說要告訴男朋友。男大生一時惱羞成怒，直接勒斃學妹，毫無人性地對屍體逞獸欲，隔天更焚屍滅證。

原來學妹與男友談遠距離戀愛，但卻吵架鬧分手。男大生揪友人、學妹一起出遊，卻發現學妹居然和剛認識的友人發生性關係，男大生忍住崩潰情緒，之後趁與學妹獨處時告白遭拒，他認為學妹是嫌棄自己外型肥胖才拒絕，憤而殺人。

這位男大生的恐怖情人特質有：情緒不穩定、自卑情結重、占有欲強。

生命中能夠避掉災禍，是因為有察言觀色、洞察人性的能力。不經一事、不長一智。然而，有些事情則是只要一次便萬劫不復；只可預防、不能輕嘗。

只要有機會，任何身邊的案例、新聞事件都是最好的話題材料。在孩子進入青春期就該攤開來一起討論，做為警惕，先在孩子心裡立一道清楚的防火牆，那麼即使遇到了爛桃花也難開到自己身上；甚至可反躬自省，自己有沒有恐怖情人的特質與傾向。

比如，從以上兩起新聞事件，我問過咱家小子們，關鍵人物都具備些什麼樣的人格特質呢？我不急著告訴孩子，因為思考力大幅成長的青春孩子，就能夠一一列舉。

恐怖情人的十大特質有：自我中心、占有欲強、自卑感、疑心病、報復心強、隨時想掌握行蹤、社交封閉、情緒不穩定、酒精藥物成癮、習慣動粗。

原諒恐怖情人的「五大自欺欺人謊言」則是：

- 都是我不好，才惹他生氣
- 他已經懺悔了，而且承諾下次不會再犯
- 他是為我好、愛我才會這麼做的
- 都已經和他在一起這麼久，怎捨得分開
- 我若是離開他、他就會去死

否決、批判、禁止？孩子才更離不開渣男

有個讀者朋友來信抱怨她非常不喜歡女兒的男朋友，因為在她看來男孩就是個小混混，不好好讀書，穿著打扮說話都流裡流氣，朋友甚至抱怨女兒之所以不愛讀書，都是被這個男朋友帶壞。只要提到這個男孩，朋友幾乎沒一句好話，她在女兒面前好幾次大肆批判。

因為排斥女兒的男朋友，母女倆搞得非常不愉快，女兒索性早出晚歸，避開和媽媽正面衝突。不過，女兒卻演變成什麼事都不跟媽媽說，甚至去哪、跟誰出去都不知道說的是真是假，母女倆形同陌路。

一陣子之後，朋友忍到極限，就和女兒大吵一架，母女的惡質相處模式就這樣定型且不斷循環，每吵一次，親子關係就更惡化，最後女兒乾脆不回家，朋友氣到都快心臟病發，但也拿女兒沒轍。

所謂情人眼裡出西施，孩子談起戀愛能把「豬」都看成了「西施」，但不少想保護孩子的爸媽通常會把「西施」看成「豬」，親子認知天差地遠，勢必變成敵對勢力。

爸媽當然不需要全然接受孩子的交往對象，不過，卻要耍點心機，讓孩子願意持平看待交往對象，把自己過度美化的「西施」還原成一個「普通人」來評價；而爸媽也要把吹毛求疵的放大鏡拿掉，要求自己找找對方的優點，把「豬」還原成「普通人」來評價，這樣，親子雙方才有機會互通「人話」。

因此，再怎麼厭惡孩子交的朋友，無論如何，一開始，都要把握三不原則：不否決、不批判、不禁止。因為，這個對象可是孩子自己選擇的，孩子的解讀是這樣的：

爸媽否定我的對象＝爸媽否定我的眼光＝我被爸媽否定

因此，即使孩子完全清楚交往的對象好不到哪去，但因為感覺自尊被踐踏，絕對會拿出最高規格的戰鬥力全力護盤。這個「盤」不僅僅是兩人的戀情，更是他們自己的人格、眼光與價值。

這可不是要爸媽舉雙手雙腳促成，不好的、不適合的對象當然不值得鼓勵交往，甚至絕對要想辦法拆散。

但青春期就是愈反對就愈自圓其說、愈壯烈成仁；愈不反對，他們反而愈有機會在相處的過程中看清對方的全貌，才有機會不攻自破。因為有問題的對象通常撐得了一時，卻撐不了多時，更遑論一世。

取得孩子的信任之後，孩子就可能不設防地跟爸媽聊聊和對方相處的點點滴滴，這時，就可找機會適時灌注一點「顯影劑」，比如：「她對人倒是挺熱情大方的，跟你很不一樣，但是女孩子是不是矜持一點點比較好……」「你男朋友很聰明欸，鬼點子挺多的，不過，好像沒有用在自己的目標和前途……」一針見血，說完立即用酒精棉片擦乾走人。不要過度琢磨，否則前功盡棄。

提點孩子你所看到的對方最嚴重的問題，這會在孩子心中形成一個具體的觀察方向，孩子的潛意識會特別留意對方這部分的問題。如果在相處過程中，正是因為這些缺點而引起爭執，孩子總有一天會恢復「正常目力」，正確無誤地給對方扣分再扣分，自己將他淘汰出局。

爸爸總跟女兒說「男人都不是好東西」？

談戀愛最難的就是「選擇對象」，因此，我覺得和孩子談怎麼挑選對象是一件非常重要的親子功課。許多把女兒當成前世情人的爸爸都會這樣嚇女兒：「男人沒一個好東西，他們想的只有一件事，就是怎麼把你弄上床！」於是，女兒看到的每個男人都變「渣男」。

其實倒不如換媽媽來說說當初怎麼看上爸爸的，爸爸有哪些優點打動了她？而哪些優點對於維繫幸福婚姻非常關鍵？爸爸最好也找機會跟兒子聊聊，當初怎麼喜歡上媽媽的，媽媽的優點有什麼？女生有哪些特質對於維繫婚姻、共組家庭是必要的？

爸媽現身說法，讓孩子時時都能對照參考，自然能領悟到選擇對象的重點。

從孩子小學開始，我和老公就常和三小子聊聊「對象」。爸爸說我「聰明、善良、勤勞、進取」，這幾個特質讓他感到安心，因為要把一個家理好、把孩子帶好，這些條件非常關鍵，他也因此可以專心打拚。

我則跟孩子說爸爸「樂觀、老實、脾氣溫和、做人圓熟」，讓多愁善感又衝動的我變得簡單又快樂。爸爸所提的幾個他所重視的特質，似乎已然成為小子們將來選擇對象的參考重點；而媽媽我所列出爸爸吸引我的地方，也成為他們增添男性魅力的努力方向。

後記

父母永遠無法停止擔憂，但能為孩子送上祝福

多年前，帶三小子到英法自助旅行，為了節省昂貴的住宿費，在網路上預訂了一間台灣人經營的民宿。抵達後才知道，那幾個年輕人竟是二房東，他們都是來倫敦打工換宿的旅人，為了賺更多錢以支撐旅遊夢，就把租來的房間轉租出去。四五個年輕人把客廳用簾幕隔起，一人一格，連床都沒有，大家都在地毯上打地鋪，只有一個小角落放些衣物和私人物品。他們白天都去打工，只有晚上才回來，要是屋裡太擠，他們就蹲在樓梯上滑手機或是寫東西。我們入住的那幾天，每晚回來休息時，都必須在層層階梯上繞過幾個先下班的年輕人。

有天晚上我開冰箱拿食物，一個香港男孩走過來和我聊天，看得出來他有點孤寂。他說他來打工兩年，看得夠多了、也玩得夠多了，現在有點想家，還說起

媽媽的拿手菜，淚眼如星光。或許是看到我帶著三個孩子出來玩，讓這個大男孩想念起自己的媽媽。

青少年掙脫父母羽翼的天然設定

我在想，這些年輕人若在自己的家鄉，比如我們自己的土地台灣，願意這樣生活嗎？每天在不到一坪的地上打地鋪，下班沒有活動空間，只能蹲在樓梯間滑手機，輪流等著使用破舊浴室（還要等客人使用完畢），隔天一早又趕著上工。

「打工換宿」真的跟想像中的不一樣，既不是華麗的冒險，也不是充滿情調的壯遊。但年輕人的骨子裡、基因裡，到了這個年紀就是會想遠走高飛、掙脫大人的羽翼，即使爸媽千萬個捨不得，都攔阻不了他們望向遠方的野心。

年輕人唯有透過自我抉擇，並為自己的抉擇負責，才能真真實實抓到「自我勝任感」，扎扎實實感受到自信，因而蛻變、快速成長。為孩子操心的爸媽，永遠沒有能力對抗這天然的基因設計，而這樣的基因設計之所以在長遠的演化過程中依然存在、沒有改變，也絕對證明有其存在的必要。

我曾在黃石公園遇到一個打工換宿的華人面孔女孩，她在園區速食餐廳打工。當她聽到我們用國語交談時，馬上改口說：「哇，終於可以說普通話了。」原來她來自中國。我一面點餐一面和她聊天，還沒一兩分鐘，她就飆出了眼淚，她說：「打工換宿實在太、太、太辛苦了，每天就是不斷不斷地幫客人點餐與取餐，常被客人嫌英文講得太爛而被罵，下了班累得像隻狗，倒頭就睡，假期又少得可憐。即使放假想出去玩，沒有車，等公車等得老久，吃的選擇又少，和我原來所想的完全不同。」

我回答：「那不趕快回國算了？」

女孩說：「在這裡認識了很多朋友，台灣的、新加坡的、香港的、馬來西亞的，大家一起撐，互相加油打氣，可貴的友情讓我感覺可以撐到最後一天。」

爸媽最艱難的功課不是陪伴，是放手

若是有一天，我的孩子也說他要到異鄉打工換宿，怎麼辦？沒怎麼辦。因為我也對抗不了人類基因的設計，成長到這個階段，首要發展任務就是要為「獨立自主」做好萬全的準備，他們內在就是有一股誰也擋不了的驅力，連爸媽都必須尊重與遵守此大自然法則。

孩子的成長，是一首不斷想嘗試靠自己的力量解決問題的練習曲，是一趟不斷想要擺脫父母的旅程，看到這些在異鄉流著眼淚、頻頻喊苦的孩子，我當下覺悟到——爸媽要學習的功課中，最艱難的不是陪伴，不是教養；我認為最艱難的，絕對是「放手」。

親子關係的和諧與平衡，永遠是動態的，大手牽小手曾經的守護與相契，在青春期變成老手與「另一雙大手」的追逐與攻防。那雙才長成的嶄新大手，未經風霜、皮細肉嫩，既驚又喜地等著人生旅途中的大小功課來磨練自己的堅實粗厚。

做父母的必須非常清楚，我們大手上那層布滿人生歷練的皺紋、硬繭與風霜，永遠不可能直接移植到孩子的大手上，也不可能遮蓋得了他們的細皮嫩肉。我們怎樣磨出人生的老練，孩子也會那樣磨出自己的歷程；我們曾經心力交瘁，孩子怎可能沒有身心俱疲的時刻？我們曾經吃虧受挫才知覺悟，孩子也必然得經一事才能長出一智。

牽慣了小手的大手，要意識到孩子的手早已不小，我們若是連小事情都放不下心，那麼大事就絕對只會更焦慮地一把抓。我們的大手能把小手牽緊緊、黏牢牢，但絕對會被超越我們的大手毫不留情地狠甩。

今年國中會考前，有個很久沒聯絡的朋友突然密我，苦惱地訴說她看到孩子為了準備會考，每天早出晚歸、疲憊不堪、睡得少、吃得匆忙，她非常心疼，也非常焦慮。我曾隨手寫下短短的隻字片語安慰她，她立馬回了個大大笑臉說被我即時點通了，非常感謝。

事實上，我的三個孩子，雖各有各的好，但成長路上也各有各的問題與障礙。我的工作乃天天送出愛心以撫慰天下父母們、給出我能給的所有正能量。但回過頭來，我自己難免也有遍尋答案無解無助之時，也有恩威並用或巧計全施、母力全開卻落得灰頭土臉走投無路之刻。

家裡的大男孩曾因失戀而一蹶不振、一頭栽進媽媽我的懷裡嚎啕痛哭；也有判斷力有限卻自以為是的小子在網路上抵擋不了魅惑扭曲的訊息；有小子把謬論當堅固信仰、如正義魔人般無所不罵大膽嗆聲；有身處明星學校的小子被挫得信心喪失；有犧牲睡眠不運動也不好好吃飯、天天熬夜做作品的住校孩子……

孩子們成長中的種種疑惑、失落、挫折、看不破、想不透與自控不夠，都不是媽媽我溫柔軟語或春風化雨、更非當頭棒喝或來回辯證能勸阻與立即扭轉的。

我當然知道他們需要足夠的時間與歷練，才得以化種種磨練考驗為人生養分，但孩子是從我分出去的一塊塊血肉，就連「有一種冷，叫做媽媽覺得你冷」的愚昧痴狂都不容易擺脫與放下啊！因為，那就是血脈相連最原始的設定。

每當我自己也陷入深深的焦慮而不知所措時，我便翻出之前寫給老友的舊訊息，真是再簡單不過的陳腔濫調，但確實是必須學習放手的爸媽唯一之解藥。

在本書最後，與所有朋友相互共勉，常記於心：

心疼是因為不信任，擔心是一種負能量。
孩子的成長總有磨難，
心疼他，不如為他加油打氣，
擔憂他，不如化為聲聲祝福。
因為父母的擔憂將把孩子的福氣耗盡，
送出祝福便讓能量增長。

教育教養 BEP062

家有青少年之爸媽的 33 個修練

你那愈來愈陌生的孩子，該怎麼溝通？

作者 — 彭菊仙

副社長兼總編輯 — 吳佩穎
人文館總監 — 楊郁慧
副主編暨責任編輯 — 陳怡琳
協力編輯 — 李依蒔
校對 — 魏秋綢
美術設計暨封面繪圖 — BIANCO TSAI
內頁排版 — 張靜怡、楊仕堯

國家圖書館出版品預行編目（CIP）資料

家有青少年之爸媽的 33 個修練：你那愈來愈陌生的孩子，該怎麼溝通？／彭菊仙著 . -- 第一版 . -- 臺北市：遠見天下文化，2021.03
面；　公分 . --（教育教養；BEP062）
ISBN 978-986-525-101-7（平裝）

1. 親職教育　2. 親子關係　3. 青少年教育

528.2　110003861

出版者 — 遠見天下文化出版股份有限公司
創辦人 — 高希均、王力行
遠見．天下文化 事業群榮譽董事長 — 高希均
遠見．天下文化 事業群董事長 — 王力行
天下文化社長 — 王力行
天下文化總經理 — 鄧瑋羚
國際事務開發部兼版權中心總監 — 潘欣
法律顧問 — 理律法律事務所陳長文律師
著作權顧問 — 魏啟翔律師
地址 — 台北市 104 松江路 93 巷 1 號 2 樓

讀者服務專線 — (02) 2662-0012 ｜傳真 — (02) 2662-0007；(02) 2662-0009
電子郵件信箱 — cwpc@cwgv.com.tw
直接郵撥帳號 — 1326703-6 號　遠見天下文化出版股份有限公司

製版廠 — 東豪印刷事業有限公司
印刷廠 — 祥峰印刷事業有限公司
裝訂廠 — 台興印刷裝訂股份有限公司
登記證 — 局版台業字第 2517 號
總經銷 — 大和書報圖書股份有限公司 電話／ (02) 8990-2588
出版日期 — 2021 年 3 月 31 日第一版第 1 次印行
2024 年 9 月 25 日第一版第 7 次印行

定價 — NT 380 元
ISBN — 978-986-525-101-7
書號 — BEP062
天下文化官網 — bookzone.cwgv.com.tw

天下文化
BELIEVE IN READING